江南民俗文化论析

基于礼物交换的视角

章亚军 ◎ 著

上海古籍出版社

图书在版编目(CIP)数据

江南民俗文化论析：基于礼物交换的视角 / 章亚军著. -- 上海：上海古籍出版社，2024. 11. -- ISBN 978-7-5732-1362-4

Ⅰ. K892.45

中国国家版本馆 CIP 数据核字第 2024YT5427 号

江南民俗文化论析

基于礼物交换的视角

章亚军　著

上海古籍出版社出版发行

（上海市闵行区号景路 159 弄 1－5 号 A 座 5F　邮政编码 201101）

（1）网址：www.guji.com.cn

（2）E-mail：guji1@guji.com.cn

（3）易文网网址：www.ewen.co

常熟市人民印刷有限公司印刷

开本 787×1092　1/32　印张 6.125　插页 2　字数 108,000

2024 年 11 月第 1 版　2024 年 11 月第 1 次印刷

ISBN 978-7-5732-1362-4

G·751　定价：52.00 元

序

我非常高兴能为章亚军博士的这本书作序。作为一篇杰出的博士论文，它有助于中国（特别是江南地区）特有宗教体系研究的深度更新。他通过两个方面做到这一点：一方面，他仔细阅读了马塞尔·莫斯（Marcel Mauss）的开创性著作《礼物——古式社会中交换的形式与理由》（*Essai sur le don*），并将其置于其前后的文本之中；另一方面，他批判性地将其应用于他自己的民族志领域。

在宗教研究领域，埃米尔·涂尔干（Emile Durkheim）和马塞尔·莫斯（Marcel Mauss）的思想尚未在中国找到应有的反响。马克斯·韦伯（Max Weber）——一位与刚才提到的两位思想家水平相当的理论天才——受到了更多的关注。在我看来，米尔恰·伊利亚德（Mircea Eliade）是一位比这三位作者思想层次低得多的思想家。他在中国受到了太多的欢迎，这无疑是因为他的比较视角吸引了读者的想象力和遐思。

一种完全没有根据的偏见常常影响着对涂尔干（Emile

Durkheim)和莫斯(Marcel Mauss)的解读。他们被指责为是一种针对宗教现象的"西方"解读。然而,他们无疑是首批将宗教研究从西方概念的武器库中解放出来的人。这不仅仅是因为他们从澳大利亚、因纽特或波利尼西亚等社会借用他们所需的所有例子(许多其他西方思想家也这样做了),更为关键的是他们在这些社会的词汇和概念中找到了具有普遍范围的概念。他们并非使用来自拉丁语或希腊语的概念,而是将"禁忌(taboo)"或"曼纳(mana)"等词转化为用于解释可能在任何社会中发现的宗教现象的概念,并揭示了它们的全部深度。对他们来说,是波利尼西亚向西方解释了西方社会的运作机制,而不是相反。

因此,很明显,仔细阅读这些作者的作品——尤其是《礼物——古式社会中交换的形式与理由》(*Essai sur le don*)——可以为了解中国特有的宗教体系(无论是古代的,还是现代的)提供新的见解。这就是章亚军博士以严谨态度和创造性意识开始做的工作。

重要的是要明白,莫斯的工作首要关注的不是作为普遍范畴的交换,而是圣物之礼物、"曼纳(mana)"之载体。它涉及一般的人类学,但特别关涉宗教人类学。同样重要的是要明白,对莫斯(Marcel Mauss)来说,回礼义务的原因仍然是礼物起源的唯一问题。这也意味着,礼物问题的背后隐藏着献祭——礼物是人类对神灵献礼的回报。这些社会表明:

那些一方面表达献祭,另一方面表达交换的词汇和主题,在多大程度上可以是同一个系统。

我们必须坚持本书中仅予以概述的一个观点:礼物使生活更加坚固。我们希望章亚军博士在以后的研究中可以继续展开这一观点。"给予的精神"是给予的乐趣和创造生命的能力。在这里,无偿与必要相结合。无论是个人,还是社区,捐赠意味着更热烈地生活。象征性物品的流通是一个社会的重要命脉。今天,避开这些物品的交换,将自己与它们组织起来的全体性系统相隔绝,无疑是冒着不再属于社会整体的风险。然而,我们扎根于土地和生活,依赖于社会整体。

我衷心希望其他研究人员能够追随章亚军博士的脚步。我们可以期待中国宗教研究的新动力。日常生活中嵌入的许多仪式表达、行为和信仰仍有待描述和解释。更广泛地说,本书所提出的方法论将有助于我们以新的视角全面理解中国社会,包括文化、经济和家庭层面。本书开辟的视角将引起当今所有致力于更新中国社会科学的人的兴趣。

魏明德(Benoît Vermander)

复旦大学哲学学院教授、博导

目　录

一 导论 礼物研究与江南民间信仰活动

（一）初识中国宗教

> "他们信耶稣，他们是不烧香的。"

那时，我还没有成为一名宗教学专业的学生。我家后面的一栋房子里，住着一对老夫妇。老太太因为"中风"，出现了半瘫的症状。每天早上，老大爷就陪着老太太在屋后的路上散步，希望通过锻炼来维持住没有瘫痪的那半边身体。不知过了多久，这对老夫妇信耶稣的消息在我们这些邻居间传开了。一个邻居说，他们信耶稣。他们想上天，不能烧香点蜡，不能燃纸放炮。以后他们的坟头都是没有香的。显然，在邻居们的眼中，耶稣教（他们熟悉耶稣这个名称，习惯用南吴方言称之为"yang su"，听起来很像是"洋稣"）与中国宗教的重大差别就在于不烧香、不点蜡、不燃纸、不放炮……

"她死了，她走了；她被烧了，她回来了。"

后来，我成为了一名宗教学专业的学生。我家一位长辈在我上博士二年级的时候去世了。待我回家的时候，这位长辈躺在她的房间里，脸上盖着一张黄纸。一个管系绳的妇女根据辈分在亲属手腕上系上了麻绳。过了一定的时辰之后，一个看起来像是正一派的道士叫亲属们喊着这位长辈的名字，并且叫她到各种幸福的地方去，例如去金山玩玩。总之，从她躺着的这个家出去。我回家的第二天，逝者被送去火化。火化完之后，逝者的长子抱着她的遗像，次子抱着她的骨灰坛。抱到车上的时候，长子尿急，打算把遗像放在座位上。旁边一名亲属立即制止，并说道："遗像不能放。"长子说："我想上个厕所。"这名亲属说："像不能放的！"长媳打算接过遗像，代替长子抱一会，但最终也没有去替换。长子憋着尿继续抱着遗像，直到逝者的家中。回去的路上，逝者的女儿们开始喊她的名字，并告诉她："妈妈呀，我们带您回家啦！妈妈呀，我们遇河过桥，我们带您回家啦！妈妈呀，牛鬼蛇神站两边，我们一起回家啦！"就这样，逝者昨天被赶了出去，今天又被接了回来⋯⋯

我是读博以后才接触的宗教学。当然，我肯定不是读博以后才知道有宗教存在。但读博以后，原来不成问题的事情，现在变成了问题：为什么在邻居们眼中基督徒与他们之间的差别是"烧香点蜡"和"燃纸放炮",而不是其他？为什么逝去的长辈被赶出去,又被叫回来了？回来的长辈还是原来的长辈吗？我开始以新的视角来观察周遭的生活。刚开始博士的学习生涯,我就接到了阅读宗教市场论相关文献的任务。这无疑成为了我了解中国宗教的第一个视角。

（二）礼物经济学与中国宗教

近十年来,围绕着宗教市场论,中国学术界展开了一场极具意义的争论。宗教市场论不仅引起了中国学者对于西方当代宗教理论的认识兴趣,而且推动了以中国当下宗教活动为对象的相关研究。这场争论的双方或者多方,推出了众多有关中国宗教活动的研究成果,不少成果令人耳目一新,世界宗教研究领域逐渐形成了一股中国力量。

魏德东认为世俗化理论和宗教市场论是流行于中国宗教学术界的两大范式。并且,主张世俗化理论的彼得·伯格与市场论之间有着一定的联系。他认为市场论是从世俗化理论中发展出来的,"显然,后来的宗教市场论范式是照着伯格的思路发展出来的,虽然他们现在很少提到这一点"[①]。

① 魏德东:《宗教社会学的范式转换及其影响》,载《中国人民大学学报》,2010：62页。

尽管两者存在诸多的联系,但是,魏德东认为不能抹杀后者的重要贡献。他认为宗教市场论是宗教研究范式的"哥白尼革命"。这一理论认定人的宗教需求基本不变,宗教盛衰在于宗教供给产品的变化①。

尽管得到上述学者的肯定,但是,宗教市场论也受到诸多学者的质疑。第一,该理论中的宗教供给方特指社会性的非政府组织。梁永佳认为"市场的'比喻'通过主张它们外在于市场,从而将作为一种宗教形式的国家和它的发展项目排除了出去"②。也有学者认为供给方不是决定性的因素,"仅仅研究宗教供给方也忽略了一个地方宗教需求对于宗教组织的影响。一个地区的原有文化影响该地区信徒的宗教需求,进而会影响宗教组织在该地区的成长"③。

第二,该理论将宗教的理性选择等同于经济理性选择,混淆了价值理性与工具理性。斯达克和芬克认为只需要将回报的范围扩大,利他的行为也可以被视为自利的行为,"我

---

① 魏德东也指出宗教市场论面临两大批判:理论上和现实上的批判。理论上的批判指的是经济原则的过度使用,现实上的批判指的是美国宗教衰退现象的出现。

② Yongjia Liang, "Morality, Gift and Market: Communal Temple Restoration in Southwest China," *The Asia Pacific Journal of Anthropology*, Vol. 15, No. 5 (Sep., 2014), p. 416.

③ 范丽珠:《现代宗教是理性选择的吗? 质疑宗教的理性选择研究范式》,载《社会》,2008:95 页。

们没有必要将父母冲入着火的房子看成是违背他的自我利益的行为"①。范丽珠认为："事实上,工具理性从不考虑情感因素,而价值理性则是以深厚的情感为取向。经济学中强调的工具理性是可以计算的,而价值理性从来不会遵从计算的原则;因此,利他是利己的延伸是一个解释不通的逻辑,而工具理性的逻辑也不能用来讨论价值理性。"②

第三,将宗教行为视为同一种行为的不同表现,混淆了宗教行为之间的异质性。香港大学的宗树人(David A. Palmer)持有这一观点。这一点也可以用来反驳宗教市场论的上述论断:利他行为是利己行为的一部分。因为即使承认利他行为是利己行为的一部分,我们依然要区分出不同的利己行为。宗教市场论的这一观点与学术研究的基本目的相背离。众所周知,学术研究是为了追求认识的清晰化,而不是认识的模糊化。因此,我们认为将异质性行为囊括到同一个概念之下是不可取的。

结合宗树人(2011)在香港的田野调查,与普通民众的看法相一致,我们认为在当下中国的宗教领域确实存在将宗教

---

① Rodney Stark and Roger Finke, *Acts of Faith: Explaining the Human Side of Religion* (Berkeley, Los Angeles and London: University of California Press, 2000), p.39.

② 范丽珠:《现代宗教是理性选择的吗? 质疑宗教的理性选择研究范式》,载《社会》,2008:95 页。

物品贩卖给游客的宗教组织,也确实存在类似于消费者的信徒。从这些现象看,中国宗教领域中的某些组织确实与市场中的组织毫无区别。由此,我们认定宗教市场论可以解释中国的部分宗教活动。但是,面对中国宗教组织和宗教活动的多样性,我们不禁要问：宗教市场论是否能够解释存在于中国的所有宗教活动?

既然宗教团体的异质性为斯达克和芬克所承认,"在《宗教的未来》中,他们严格区分出两种团体：一方面是'观众团体'和'顾客团体',根据斯达克和班布里奇(William Sims Bainbridge)所言,这是没有完整羽翼的宗教；另一方面,他们称之为完整的宗教团体和教派活动,它们可以维持住信徒长期持续的献身"①。那么,我们认为这种异质性本质上是宗教行为的异质性。不同的宗教行为各自组成了不同的阵营,被视为不同的宗教团体。于是,与宗树人相一致,我们认为宗教行为的异质性是存在的,还需要另外一套适用于非市场类宗教活动的解释范式。

2009 年,汲喆提出礼物交换是宗教生活的基本形式。2011 年,宗树人正式提出适用于中国宗教的礼物经济论。宗树人认为中国宗教领域的人神关系存在两种样式,一种是

---

① David A. Palmer, "Gift and Market in the Chinese Religious Economy," *Religion*, Vol. 41, No. 4 (Dec., 2011), pp. 571 – 572.

宗教市场化的商品交换，另一种是礼物交换。因为，在他看来，人可以是理性存在的个体，也可以是宗教团体的成员。梁永佳(2014)也认为可以用礼物经济模式解释中国的宗教生活。

我们有意介入这场争论并且站在礼物交换理论这一方，给出当下中国宗教活动中礼物交换的诸多特征，探讨中国宗教中人神互动与礼物交换的关系。如若确证可以用礼物交换的视角研究中国宗教，我们将对礼物的种类、产生等一系列的问题给出相对满意的解释。当然，最终所有的努力都只是为阐明中国宗教事实贡献一份力量。

（三）宗教学领域的礼物研究

1. 中文文献中的礼物研究

法国学者莫斯的《礼物》一书是宗教学领域礼物研究的首要参考文献，现有中文文献对《礼物》和莫斯的研究主要分成三个部分：第一个部分是对《礼物》一书的解读，例如对礼物之"灵"的解读，对礼物政治学的解读(张亚辉，2017；卢成仁，2017)。第二个部分是由阎云翔和杨美惠分别开启的对中国农村和城市的礼物交换现象的研究(阎云翔，2000；杨美惠，2009；顾伟列，2001)。当然，阎氏和杨氏之后的研究者在研究对象上有所转移，例如从对农民和市民的研究转变为对少数民族礼物交换现象的研究(钟福民,2006;王丹,2014),从农村和城市的大范围的研究转向对单位(蔡文慧,2009)、工作圈(白凯,黄琦珂,2017)的小范围的研究。然而,这一方向的礼物交换研究依然沿用阎云翔在《礼物的流动》中提出的基本架构,例如礼物交换的原因是对人情伦理的信奉与互惠原则的遵守,礼物的区分依然是表达性礼物和工具性礼物。第三个部分是中国宗教学领域(包括宗教仪式和宗教理论)的礼物研究。此外,还有一些关于礼物与商品、礼物传播学方面的研究。第一部分和第二部分的研究在中国的礼物研究中占据了主要份额。在中国的礼物研究中,正如莫德利亚所言,"第四重义务(给神送礼物的义务)"仿佛是被遗忘的对象。

尽管对于《礼物》一书的文本解读为数不少,但紧贴文本内容、具备一定思想深度的文章并不多见。在这些解读中,解读者往往只抓住莫斯的一个概念,"总体社会事实"(茍丽丽,2005)或"义务三段论",而没有将《礼物》一书视为一个总体。正如伽耶所言:"美国学者们的作品不过是摄要地重新发现了《礼物》一书中的一鳞片爪,而莫斯对那些方面早有过纲领性的表述。"①到目前为止,针对《礼物》的文本解读,其

---

① 马赛尔·莫斯:《礼物——古式社会中交换的形式与理由》中译本导言(汲喆译,陈瑞桦校),北京.商务印书馆,2016 年版,2-3 页。

准确性、深刻性、清晰性都没有人超过弗洛伦斯·韦伯女士。弗洛伦斯·韦伯女士是唯一一位对《礼物》全书进行诠释的学者。她认为莫斯的思考路径是从"库拉"和"夸富宴"两种制度开始的,"再把对'nuxem'和土著概念'豪'的讨论放到一起加以检视,最后回到第一章提出的理论探讨,并重新考量莫斯在导论及三个结论中阐述的政治议题"[1]。在"库拉"和"夸富宴"方面,她认为最应该注意的是两者的前后关系。这一点实际上涉及两个问题:第一,"库拉"和"夸富宴",到底何者是礼物交换的一般形态? 第二,礼物交换与商品交易有何区别? 首先,针对第一个问题,如若强调"夸富宴"是日常形态,那么,礼物交换的过程可以被看作是斗争的过程、破坏的过程,例如巴塔耶、勒弗尔所认为的那样。莫斯也认为"夸富宴"是"库拉"的前身,"即使假设夸富宴制度已经不见于目前的波利尼西亚社会,但在那些吸收了波利尼西亚移民的文明与社会中,或是在再移入波利尼西亚的移民区并将其取代的文明与社会中,夸富宴却还可能存在;而且在波利尼西亚人迁移之前,他们很可能有完整的夸富宴制度"[2]。但是,事实上,博厄斯笔下的"夸富宴"只是一种非常态的形式,

---

① 马赛尔·莫斯:《礼物——古式社会中交换的形式与理由》附录(南楠译,汲喆、巫能昌校),北京.商务印书馆,2016 年版,142 页。

② 马赛尔·莫斯:《礼物——古式社会中交换的形式与理由》(汲喆译、陈瑞桦校),北京.商务印书馆,2016 年版,29 页注 1。

刘易斯·海德就曾指出:"博厄斯(他)不幸地来到了靠近鲁帕特堡的地区工作(哈德逊湾公司很早就在这里建立了前站)。那时,当地充满了'对抗夸富宴',其中憎恨和敌意已经到达顶峰。"[①]海德认为,美国人种学家 19 世纪末才开始研究"夸富宴",而此时这些印第安部落已经和白人们通商贸易了一百多年,"夸富宴"也已经发生了根本性的改变[②]。所以,正如弗洛伦斯·韦伯所言:"如果反过来看,'夸富宴'很可能就是'库拉'的某种退化形式,其出现源于殖民地贸易所致财富的大量涌现。"[③]接下来,弗洛伦斯以转让和交易来区分不同的交换。她一共区分了三种交换:第一种是"金瓦利",也就是物物交易;第二种是"夸富宴",此种交换形式由一系列的转让构成,是一种对抗性的联结,要么给出更好的礼物,要么接受依附关系;第三种是"库拉",仪式性礼物的交易。可以看出,弗洛伦斯认为第一种交易和第三种交易的区别在于两者所涉及的物具有不同的属性。而在我们看来,不仅物的属性有所区别,行为的属性也是有所差异的。接着,弗洛伦斯开始分析"物之力"的概念。她认为萨林斯等人的

---

① 刘易斯·海德:《礼物:创新精神如何改变世界》(孙天译),北京.电子工业出版社,2015 年版,26 页。

② 刘易斯·海德:《礼物:创新精神如何改变世界》(孙天译),北京.电子工业出版社,2015 年版,25 页。

③ 马赛尔·莫斯:《礼物——古式社会中交换的形式与理由》附录(南楠译,汲喆、巫能昌校),北京.商务印书馆,2016 年版,147 页。

问题在于没有区分出不同的交易，因为这些交易涉及的是不同的物，最为关键的是这些物与人的关系是完全不同的。"金瓦利"中进行的交易，物与人是彻底分离的；但是"库拉"里面进行的交易，物与人是"混融在一起的"。弗洛伦斯准确地捕捉到了莫斯对于仪式持续一生的研究兴趣。但她的解释也仅限于此。她没有能够用一个概念将莫斯一生的思想贯穿起来，所以，没有足够清楚地呈现出莫斯思想的前后一致性。我们认为，从莫斯对于仪式的持续关注中，完全可以发现这样一个概念。这一概念将在下文给出。最后，弗洛伦斯认为莫斯礼物探讨的落脚点其实是劳动。莫斯认为或许我们可以将劳动视为一种礼物，而不把眼光只放在由劳动产生的商品身上。总之，弗洛伦斯也认为行为作为一种礼物应该得到研究。

由阎云翔和杨美惠开启的对中国农村和城市的礼物研究，最为重要的文本依然是这两位开创者所写的《礼物的流动》和《礼物、关系学和国家》。《礼物的流动》为后来的农村、单位、社区、少数民族地区等空间中进行的礼物交换现象提供了基本的研究框架。阎云翔认为互惠原则在中国农村的礼物交换中扮演了相当重要的角色。但是，他也认为有些礼物交换的行为是不能只用互惠原则来解释的。他认为，除了互惠原则以外，我们还要借助于人情伦理的概念来理解中国农村的礼物交换。由此，他对关系和人情概念进行了分析。

他认为"关系网是一个家庭之外然而仍在村庄之内的'地方世界'"①。至于"人情",阎云翔认为它最初指的是人的情感。正如《礼记·礼运》所言:"何谓人情?喜、怒、哀、惧、爱、恶、欲,七者弗学而能。"②在下岬村,人情指的是"指导和规范人的行为的最初和最重要的道德原则"③。这种道德原则意味着"将他人的情感反应纳入自己的考虑"④。因此,人情被视为衡量一个人为人处事是否得体的标准。所以,我们可以将人情所形成的规范看作是农村礼物交换中的"礼"。

尽管阎云翔不愿意放弃互惠原则在中国农村礼物交换行为中的主导性地位,但他也不得不承认人情原则有时候比互惠原则更加重要。他认为"不是礼物的精神而是人的精神将馈赠双方联系在一起,不是物品而是通过物品传达出来的人情是不可让渡的"⑤。

我们需要牢记的是,人情作为一种道德原则,是在情感

① 阎云翔:《礼物的流动:一个中国村庄中的互惠原则与社会网络》(李放春、刘瑜译),上海.上海人民出版社,2000年版,216页。

② 阎云翔:《礼物的流动:一个中国村庄中的互惠原则与社会网络》(李放春、刘瑜译),上海.上海人民出版社,2000年版,135页。

③ 阎云翔:《礼物的流动:一个中国村庄中的互惠原则与社会网络》(李放春、刘瑜译),上海.上海人民出版社,2000年版,217-218页。

④ 阎云翔:《礼物的流动:一个中国村庄中的互惠原则与社会网络》(李放春、刘瑜译),上海.上海人民出版社,2000年版,218页。

⑤ 阎云翔:《礼物的流动:一个中国村庄中的互惠原则与社会网络》(李放春、刘瑜译),上海.上海人民出版社,2000年版,209页。

的基础之上生发出来的。阎云翔指出,20世纪90年代以前关于礼物交换的研究常常忽视礼物是表达情感的一种工具,"我们已经详细描述了经济交换的类型、互惠原则的运作方式、送礼和宇宙观间的关系或人与物之间的相互关系,但很少有研究触及普通人的感情世界以及礼物在传达感情方面的角色"①。阎云翔认为下岬村的大多数礼物交换都体现出村民之间的情感流动,这种情感对于中国人来说是最为珍贵的。所以,阎云翔认为礼物既是传达人情的工具,也是具有使用价值和交换价值的物质实体。在阎云翔之后,礼物交换的情感维度得到进一步的研究,礼物被视为情感的有形体现。有学者认为可以从人的情感的角度去回答莫斯提出来的问题(为什么礼物要回到它的起源?)。马斯奇奥(Thomas Maschio)就认为"礼物试图回到它的源头,是因为世代之间的情感联系被礼物这份档案很好地激发了出来"②。归根到底,一份礼物代表的是送礼者的某种情感。这是礼物之"灵",它属于它离开的地方。

我们认为在中国社会的礼物交换中,互惠原则与人情伦

① 阎云翔:《礼物的流动:一个中国村庄中的互惠原则与社会网络》(李放春、刘瑜译),上海.上海人民出版社,2000年版,213页。

② Thomas Maschio, "The Narrative and Counter-Narrative of the Gift: Emotional Dimensions of Ceremonial Exchange in Southwestern New Britain," *The Journal of the Royal Anthropological Institute*, Vol. 4, No. 1 (Mar., 1998), p. 96.

理原则在表达性礼物中同时存在,但是彼此的比例会出现差异。有时互惠分量重,有时人情分量重,但是两者都不可或缺。工具性礼物的研究不是《礼物的流动》一书的主题,却是《礼物、关系学与国家》一书的主题。《礼物、关系学与国家》将工具性礼物译为实用性礼物。该书也是中国关系学的开创性著作之一。杨美惠虽然收集了各种各样的"送礼"的事件,但是,她的真正关注点是:在日常生活中,普通人以何种方式对抗政治权威? 这实际上借鉴了塞尔托(Michel de Certeau)的研究视角。尽管这一问题引人入胜,但由于本书研究主题的限制,我们将只关注她对礼物交换方面的一些观点。她对中国城市的礼物交换得以达成的原则进行了仔细的归类。她认为存在以下四种原则:感情,人情,关系,义气。四种原则在不同的礼物交换中占有不同的比例。

四种原则表现在不同的礼物交换之中,体现的是不同的社会关系。她对四种原则之间的区别作了如下阐述:"感情是社会关系的第一种曲折,钱和贿赂关系与感情联系最微弱。随关系、人情、义气和感情的递进,情感成分依次增长。第二种曲折是散布的义务和恩义所带来的曲折,以这个尺度来衡量,钱和贿赂的因素很少,因为它没有建立在这些散布的感情基础之上,而仅仅是对特殊服务的狭隘回报。关系带有散布的义务,但并不如感情、人情、义气那样更强调广泛的义务。礼仪和行为的分寸感产生第三种曲折,其中贿赂和义气不太要求明确的礼仪,按由弱到强的顺序,接下来依次是感情、关系和人情。人情对礼仪的要求最强。社会关系的第四种曲折是得与失的估计,义气和感情对得与失的估计最少,由少到多依次是人情、关系,最后是金钱和贿赂,它们有最实用的考虑。"①

很显然,工具性礼物涉及贿赂和金钱,其中很少牵扯感情。相较于工具性礼物,表达性礼物所蕴含的感情较为深厚。阎云翔没有将感情和人情之间的关系分析清楚,杨美惠则给出了一个清楚的分析,她认为我们需要将人情和感情区分开来。人情指的是"礼貌和遵从社会礼仪的恰当形式"②。感情是"经历了时间的考验、历久弥新,是一种很亲密的社会关系,情感色彩强烈"③。综合两位学者的观点,我们认为感情是一种私人性的交往原则,人情则带有普遍的社会交往的准则的含义,具有一定的客观性,人情的适用范围要比感情更加宽泛。我们要牢记感情(感受)而不是理性

---

① 杨美惠:《礼物、关系学与国家——中国人际关系与主体性建构》(赵旭东、孙珉合译,张跃宏译校),南京.江苏人民出版社,2009 年版,112 页。

② 杨美惠:《礼物、关系学与国家——中国人际关系与主体性建构》(赵旭东、孙珉合译,张跃宏译校),南京.江苏人民出版社,2009 年版,111 页。

③ 杨美惠:《礼物、关系学与国家——中国人际关系与主体性建构》(赵旭东、孙珉合译,张跃宏译校),南京.江苏人民出版社,2009 年版,110 页。

（工具理性、康德的实践理性等）在中国社会交往中的独特地位。

在中国宗教学领域（包括宗教仪式和宗教理论）的礼物研究中，理论方面以汲喆的《礼物交换作为宗教生活的基本形式》一文为代表。在这篇文章中，汲喆认为涂尔干与莫斯存在严重的分歧，两者的分歧在于：涂尔干认定神圣和世俗之间存在着激烈的对立①，莫斯则用礼物模式表明神圣与世俗并非对立，而是交融，因此，礼物交换平和地出现在日常生活之中。汲喆认为"在莫斯那里，集体理想首先并不体现为外在的制约，而是自由与义务的结合；社会存在的自我更新主要依靠的不是断裂式的集体聚会，而是主体间可持续的日常交流。就此而言，莫斯的社会学主题从作为'本原'的社会转向了作为'中介'的符号和关系，在相当程度上超越了涂尔干理论中无所不在的神圣与凡俗、社会与个体的二元对立"②。

---

① 这种观点最先由渠敬东提出（1999b：301、311 注 36）："从某种角度上说，通过断裂形式加以呈现的仪式（如节日、狂欢和革命）不仅是社会实现的一种方式，甚至可能是社会实现的惟一方式。"这里的吊诡之处在于，这种"社会实现的惟一方式"却往往包含着对某些失范现象的正当性的暂时认可，意味着对正常社会生活的破坏。参见汲喆：《礼物交换作为宗教生活的基本形式》，载《社会学研究》，2009（3）：5 页注 1。

② 汲喆：《礼物交换作为宗教生活的基本形式》，载《社会学研究》，2009（3）：6 页。

可是,渠敬东和汲喆对涂尔干思想所作的概括似乎很不准确。首先,汲喆自己也认为涂尔干笔下的神圣与世俗是分离与渗透的统一,"一方面,他坚持人的两重性'在深层次上是相互统一、相互渗透的',他认为,人与图腾、灵魂的一体关系就是人与社会的一体关系的具体实例"①。从这一思想出发,我们可以对涂尔干眼中神圣与世俗的关系进行准确的定位。

我们认为,在涂尔干那里,存在着一种神圣与世俗的区分,但是这种"区分"不等于"断裂",两者是互相依存的。世俗的活动为神圣的活动做准备,神圣的活动反过来也为世俗的活动做准备。进入神圣生活的诸多消极崇拜和积极崇拜都是社会规定之中的内容。神圣的活动不但不等同于社会失范,而且肯定了社会的规范。渠敬东的观点(社会最明显展现自身的时候也就是社会失范之时)既然站不住脚,汲喆所谓的断裂也就难以成立。

其次,如若真如汲喆所理解的那样,莫斯和涂尔干之间的区别在于神圣与世俗关系融合与否的区别,我们就不禁好奇汲喆将会如何解释"夸富宴"。"夸富宴"作为一种礼物交换形式,带有明显的节庆色彩,这里就不存在世俗生活的中断

---

① 汲喆:《礼物交换作为宗教生活的基本形式》,载《社会学研究》,2009(3):4页。

了吗？更何况,在莫斯那里,献祭仪式也是一种礼物交换。依据汲喆的看法,献祭仪式与日常生活显然也是断裂的。所以,我们认为汲喆所谓的区别是虚构的区别,而渠敬东所谓的失范也是虚构的失范。我们认为涂尔干之所以特别看重"集体欢腾",是因为当时社会学刚刚成立。一门学科要有自身的研究对象,否则这门学科难以自立,因此,涂尔干尤其关注社会最为耀眼的分身。但是在涂尔干那里,社会本身不等于任何一个分身。

基于上述分析,我们认为汲喆对《礼物》与《宗教生活的基本形式》之间关系的判断是错误的。他认为"莫斯的《礼物》是对涂尔干的《宗教生活的基本形式》的答复或重写,而礼物交换就是宗教生活的一种基本形式"①。但是,我们认为礼物交换是以涂尔干的研究为前提的,两者的关系不是"重写""改写",而是"接着写"。

梁永佳于 2015 年发表的《中国农村宗教复兴与"宗教"的中国命运》,通过分析"宗教"这一概念在中国的演进,认定现行"宗教"概念是民国知识分子对西方"宗教"概念的直接借用,并不符合中国的宗教事实。他认为"宗教不彰,巫术盛行"的结论实际上仍然是这一误用的延续。在这篇文章的结

① 汲喆:《礼物交换作为宗教生活的基本形式》,载《社会学研究》,2009(3):1 页。

尾部分,他呼吁学者关注礼物模式的解释范式,认为人们的集体期待或许可以成为解释宗教活动的基础。实际上,集体期待是宗教活动的基础这一观点也是汲喆在《礼物交换是宗教生活的基本形式》中提出来的。他们认为莫斯的《论祈祷》为这种观点提供了支撑。然而,我们认为这种观点带有将客观宗教仪式等同于主观心理活动的危险。我们认为不应该赋予《礼物》过多的使命,讲清楚神圣性力量的存在方式才是它真正的使命。

2. 外文文献中的礼物研究

外文文献中的礼物研究以礼物之"灵"的本质与基础(Claude Lévi-Strauss 1950,Marshall Sahlins 1972),礼物交换中女性的角色,全世界各地礼物交换现象(James Laidlaw 2000),现代社会各种组织里存在的礼物交换现象(R. Lynn Hannan, John H. Kagel and Donald V. Moser 2002)以及礼物经济的阴暗面的研究为主。这里主要介绍的是国外礼物交换研究中与宗教相关的部分文献。其他一些文献的主要内容不作专门的介绍,但是,与本书内容有所关联的文献将会被引用和分析。

以礼物交换的视角研究中国宗教的外文文献有梁永佳《道德、礼物与市场:中国西南地区公共寺庙的复兴》(2014)和宗树人《中国宗教经济学中的礼物与市场》(2011)。

在《道德、礼物与市场:中国西南地区公共寺庙的复兴》

中，梁永佳认为宗教市场论，无论是调整后的三色市场论，还是调整前的宗教经济论，都不能适用于中国。因为宗教市场论诞生于新自由主义的国家与地区，所以带有这一限制的宗教市场论显然无法解释中国的宗教现象。在西南地区田野调查的基础之上，他发现中国农村宗教更多体现的是礼物模式。但是他并没有对礼物模式进行详细的说明，我们不清楚他指的是莫斯的礼物模式还是其他学者的礼物模式，也不清楚他将农村宗教的何种关系——人神或人人——定义为礼物交换的关系。

最早用礼物经济模式来概括中国宗教活动的学者，是香港大学的宗树人。在他发表于 2011 年的《中国宗教经济学中的礼物与市场》中，宗树人指出，通过阅读宗教市场论者的研究著作，可以断定存在两种不同的宗教团体：一种是顾客团体，也就是没有完整羽翼的宗教团体；另一种是有完整羽翼的宗教团体。接着，他指出既然两种宗教团体是有所区别的，那么它们应该遵循着不同的交换逻辑。顾客团体遵行市场交换原则，不仅体现在少付出和多收获的比率上，而且还体现在社会关系上，交换者之间不存在任何长久的关系，只存在一种短暂的、迅即结束的关系，在同一个宗教团体中的成员相互之间也不背负道德上的义务与责任。后者遵从一种非市场的交换原则，宗树人将其定义为礼物交换的原则："供奉给神的礼物的再分配本性揭示了一种不同的礼物关系类型。在莫斯意义上的互惠礼物中,赠予方期待着接受方之后的回馈。这是一种只存在于两者之间的双边关系。在一种宗教的礼物经济中,神——又或一种灵性实体或原理,例如业力——是交换中的第三方。在这种情况中,礼物被献给神,但是实际上被给了另外一个人。神,而不是礼物的实际接受者,会奖励赠予者。或者,换句话说,礼物可能给另外一个人,但是接受者并不被期望去回赠,赠予者知道他可以从未来的神圣或业力的补偿中得到好处。赠予者并不期待礼物实际接受者回馈的任何东西。实际上,正如柯若朴(Philip Clart)在他的台湾地区道德研究的书中指出,在礼物匿名赠予或接受中,赠予者和接受者之间可能没有直接的联系,但是接受者可以回赠给神和/或其他人。"①从宗树人对于礼物经济的研究中,我们可以发现礼物经济的三个特征:第一,信徒与神保持长期的关系,神的回报、接受者的回赠都没有明确的期限;第二,神是信徒们联结的中介,但是信徒之间并不一定有往来,甚至相互之间并不认识;第三,信徒之间有物质上的共享关系。

尽管宗树人是首位提出中国宗教活动中存在礼物经济的学者,但是此种礼物经济模式不仅存在于中国,也存在于

---

① David A. Palmer, "Gift and Market in the Chinese Religious Economy," *Religion*, Vol. 41, No. 4 (December 2011), p. 577.

印度的宗教中。阿曼达·露西亚于2014年发表的一篇文章中指出当下的古鲁（guru）和学生之间的关系符合宗树人所描述的礼物经济模式。古鲁和学生的关系在历史上是这样的："自古以来，古鲁和学生就通过联合式的债务性关系运行于阶序社会之中。在这种债务性关系之中，学生企图通过无报酬的劳动来回馈古鲁形而上学的礼物。"[①]在20世纪90年代时，两者的关系发生了转变，"在阿妈（amma）的全球古鲁运动中，学生对古鲁的服务义务变成了对全人类的服务义务"[②]。所以，阿曼达·露西亚认为："这种曾经发生在古鲁和学生之间的礼物经济学，即学生提供无私的服务给古鲁，已经变成了一种全球人道主义……这种转变是一种现代现象，它代表了传统印度四项全球化的积极性部分。"[③]她认为发生这种转变的原因是："我们应该认识到名望、声誉和古

①　Amanda J. Lucia, "'Give Me Sevā Overtime': Selfless Service and Humanitarianism in Mata Amritanandamayi's Transnational Guru Movement," *History of Religions*, Vol. 54, No. 2 (November 2014), p. 206.

②　Amanda J. Lucia, "'Give Me Sevā Overtime': Selfless Service and Humanitarianism in Mata Amritanandamayi's Transnational Guru Movement," *History of Religions*, Vol. 54, No. 2 (November 2014), p. 206.

③　Amanda J. Lucia, "'Give Me Sevā Overtime': Selfless Service and Humanitarianism in Mata Amritanandamayi's Transnational Guru Movement," *History of Religions*, Vol. 54, No. 2 (November 2014), p. 207.

鲁的财政成功（都是通过信徒集体劳动产生的）形成了古鲁的另一种礼物。正因为如此，古鲁有义务通过人道主义援助的方式回馈社会。"①阿曼达笔下的古鲁与宗树人笔下的佛教徒林东非常类似。既然礼物经济模式可以用于解释一些宗教现象，那么，我们将对该模式进行简要的分析。

首先，面对宗教市场论者认为礼物交换可以被纳入市场交换之中的质疑，宗树人坚持的礼物交换视角足以将自身与市场交换区别开来吗？这需要根据宗树人礼物经济的三个特征进行判断，其中最为重要的就是第二大特征，通过第二大特征，我们认为宗树人想要表达的是信徒之间存在着一种精神上的联系，虽然他本人并没有明确采用此种表述。因为如果信徒之间不存在一种精神上的联系，我们很难理解第一个特征和第三个特征所描述的状态何以存在。更为关键的是，如果第二个特征不是基础的话，第一个特征和第三个特征是很难与宗教市场论视角下理性选择的个体区分开来的。礼物经济的第一大特点，回报时间的不确定性。这一点与商业交换中的契约精神有所区别，契约精神在于交换双方对于

① Amanda J. Lucia, "'Give Me Sevā Overtime': Selfless Service and Humanitarianism in Mata Amritanandamayi's Transnational Guru Movement," *History of Religions*, Vol. 54, No. 2（November 2014），p. 207.

交换时间、交换地点、交换内容的理性规定。但是，有人会采纳《信仰的法则》中的观点："在追求来世的回报时，人们将会接受一段长期的交换关系。"①通过这段描述，他们认为宗教市场论也可以带有这样的特征。因此，似乎可以认定单独考虑回报时间的长短，不能构成两者的真正区别。接着，我们来考察礼物交换的第三个特征：信徒在物质上的共享关系。基于宗树人的分析，似乎可以合理推测，信徒给出物质是为了追求精神性的回报，而且信徒与信徒之间并不相识，两者并不共存于一个团体之中。这是否表明精神利己主义是物质利他主义的前提？如果信徒精神上是纯粹利己的，那么，顾客与真正信徒之间，顾客团体与完整宗教团体之间的区别，并没有想象中那么大？这两个问题都暗指了同一个问题，在完整宗教团体中，信徒之间，信徒与神之间，在精神上到底是什么关系？所以，我们认为第二大特征是其他两者的基础。

根据他对宗教市场论的批评可以看出，宗树人想要严格区分出作为个体的人与作为团体的成员。两者之间最大的不同就在于他们是否将自己和其他信徒视为精神上的共同体。在确立了第二个特征是其他两个特征的基础之后，我们

---

① Rodney Stark and Roger Finke, *Acts of Faith: Explaining the Human Side of Religion* (Berkeley, Los Angeles and London: University of California Press, 2000), p.99.

可以很好地理解其他两个特征的合理性。现在,我们假设存在一份长期的回报,那么可以确定的是信徒对于神具有某种信任感。这种信任感肯定不是一种个人的臆想,而切实地存在于神与人的关系之中。在各种各样的宗教团体中,神不仅与个人有互动,也与个人所在的团体中的成员有互动,后者也可以成为信徒坚持信仰的根据。此时信徒之间建立了一种关系,这种关系使得信徒们不再只是一些个体,同时信徒间的联系更多是一种精神上的联系。

宗树人声称,他的礼物经济解释范式是对莫斯礼物经济模式的改造。他认为莫斯的礼物模式是一种双方结构,而他改造以后的礼物经济模式是一种三方结构。但是正如莫里斯·古德利尔(Maurice Godelier)所指出的,礼物交换从来都是三方结构。所以,宗树人认为的重写,很有可能只是一种继承。宗树人的误读也许不是特例,这使得我们认为莫斯的礼物模式还有进一步研究的必要。其实,礼物模式的其他支持者——阿兰·迦耶(Alain Caillé)、玛丽·道格拉斯(Mary Douglas)、莫里斯·古德利尔——似乎都认定,在莫斯的礼物模式那里,礼物交换与市场交换已然有让人信服的区分。这种区分显然不仅限于宗树人在上文中提到的那些方面,所以,莫斯的礼物模式将是本项研究的起点。对莫斯的礼物模式的探究,将有助于我们验证礼物模式是否可以成为解释中国宗教活动的范式。不过,宗树人的礼物经济模式始终是我们研究宗教活动的一个参照系，随后，我们将在江南民间信仰活动的田野调查之中指出他的研究的局限与正确之处。

格雷葛里（C. A. Gregory）在《给人的礼物和给神的礼物：当代巴布亚的礼物交换与资本积累》中指出："在美拉尼西亚的环境中，将传统的节俭视为美拉尼西亚资本积累的基础是错误的。在巴布亚，利益原则并没有构成竞争性的给人的礼物系统的基础，且悖论性地，内在于给神的礼物系统中的破坏性原则提供了资本积累的最大潜能。"[1]在本书中，我们不探讨巴布亚新几内亚的资本积累情况。需要牢记的是，在美拉尼西亚的环境中，给神进献礼物是该地礼物交换形式中的一种形态。尽管在当前人类学和社会学有关礼物交换的研究中，礼物交换中的宗教因素没有得到认真对待，但我们认为，在莫斯眼中，这些因素是不可或缺的。

在《礼物、印度的礼物和"印度的礼物"》中，佩里（Jonathan Parry）认为印度的礼物馈赠中并不存在互惠性。佩里的研究否定了所有礼物交换系统都是互惠性系统的论断。与此同时，他认为自己"已经展示出印度的礼物法则并

---

[1]　C. A. Gregory, "Gifts to Men and Gifts to God: Gift Exchange and Capital Accumulation in Contemporary Papua," *Man, New Series*, Vol. 15, No. 4 (Dec., 1980), p. 626.

不证实莫斯为美拉尼西亚和波利尼西亚所描述的交换系统的连续性现象"①。因为在印度的檀施哈拉玛（danadharma）中，馈赠的礼物并不得到回赠："回赠的礼物并不存在于檀施哈拉玛之中。"②所以说，印度的礼物具有一种独特性，它不仅不具备互惠性，而且也不产生一个相互之间礼物交换的无限链条。沿着佩里的研究，詹姆斯·雷德洛（James Laidlaw）认为应该重返对于"纯礼物"的研究。他认为目前学界"很少有对纯礼物的关注"。这种纯礼物存在于耆那教的接受檀（dan）的过程（gokari）之中。通过对该礼物接受过程的研究，他重申佩里的观点，印度的礼物馈赠不符合互惠性原则，"佩里已经展示这些礼物（dans）不是互惠的"③；而且馈赠和接受的双方也不产生义务关系，礼物馈赠是一种转移厄运的行为，"例如，通过对印度帕罕苏（pahansu）北部乡村的研究，拉赫贾（Raheja）（1988）描述了檀如何将厄运从赠予者转赠给接受者"④。因此，他认为"这个例子表明礼物概

① Jonathan Parry, "The Gift, the Indian Gift and the 'Indian Gift'," *Man, New Series*, Vol.21, No.3 (Sep., 1986), p.463.

② Jonathan Parry, "The Gift, the Indian Gift and the 'Indian Gift'," *Man, New Series*, Vol.21, No.3 (Sep., 1986), p.463.

③ James Laidlaw, "A Free Gift Makes No Friends," *The Journal of the Royal Anthropological Institute*, Vol.6, No.4 (Dec., 2000), p.617.

④ James Laidlaw, "A Free Gift Makes No Friends," *The Journal of the Royal Anthropological Institute*, Vol.6, No.4 (Dec., 2000), p.617.

念之中内在矛盾的本质,还显示出为什么将礼物定义为互惠和不可转让是一种错误。正如纯粹的商品那样,纯粹的礼物的特征可以被这样的事实所显示,那就是这种礼物并不创造交换方之间个人的义务和联系。……虽然纯粹的礼物对接受者来说,通常是有害的"①。同时,他表明商品交换和礼物交换并不是绝对对立的,"到目前为止,耆那教的案例是一个指引,它带有非个人性,如果可以说这是商品的一个特点(看起来有足够的理由),那么它也是纯礼物的一个特征。两种交换方式是对立的维度并不存在"②。

詹姆斯·雷德洛的研究给我们的启示是,在对礼物的研究过程中,我们要仔细进行区分,不能只关注交换行为的表象,以为买卖的东西纯粹都是商品,而馈赠与接受的东西则都是礼物,"相反,它(手工业商品)显示并不是所有我们买和卖的东西都是纯粹的商品,同样,并不是所有我们馈赠和接受的东西都是礼物"③。

印度礼物研究确实使得礼物研究更加完整,特别是马林诺夫斯基抛弃的"纯礼物"的概念得到了更加深入的分析。

---

① James Laidlaw, "A Free Gift Makes No Friends," *The Journal of the Royal Anthropological Institute*, Vol. 6, No. 4 (Dec., 2000), p. 617.

② James Laidlaw, "A Free Gift Makes No Friends," *The Journal of the Royal Anthropological Institute*, Vol. 6, No. 4 (Dec., 2000), p. 632.

③ James Laidlaw, "A Free Gift Makes No Friends," *The Journal of the Royal Anthropological Institute*, Vol. 6, No. 4 (Dec., 2000), p. 632.

但对于中国人来说,礼尚往来不是空话,而是具有效力的交往原则,因此不同于印度,中国的礼物是用于交换的。我们认为不能因为莫斯理论不适用于印度,就断定其不适用于中国。

（四）江南民间信仰活动的研究现状：祭祀、迎神赛会与"总管"崇拜

学术界已有的、以江南民间信仰活动为研究对象的研究成果,集中在三类信仰活动上：献祭仪式、迎神赛会和土地爷崇拜。

李天纲于 2017 年出版了《金泽——江南民间祭祀探源》一书。该书是研究江南民间祭祀的专著。在该书中,李教授提出以下几个观点：

第一,中国的儒教、道教与佛教是"三教通体"的关系,"三教通体"不但体现在"教理思想",而且体现在"民间实践"之中[1],民众的基本信仰是三教的共同基础[2]；这种基础又集中体现在民间祭祀方面,"周代以来的儒教,首先是中国人的

---

[1] 李天纲：《金泽——江南民间祭祀探源》,北京.生活·读书·新知三联书店,2017 年版,328 页。

[2] 李天纲：《金泽——江南民间祭祀探源》,北京.生活·读书·新知三联书店,2017 年版,361 页。

一种信仰行为,是由基层民众维持、在民间社会流行的祭祀制度"①。

第二,中国民间祭祀的基本结构是"社""会","在所谓的民间信仰领域,我们在善士、护法、居士、香头、师娘、梳头等善男信女身上,看到的大多是软性权力。他们出钱、出力、出时间、出信仰,以'社''会'的组织形式,用平信徒的自愿和自主的活动方式组织起一个更大的、公开的信仰共同体。信仰共同体是一种'弱组织'"②。需要注意的是,江南的"社""会"不同于北方的"坛""盟""会""社","就义和团而论,可以说北方'坛''盟''会''社'形式的集体信仰'愚昧落后',但它们和江南以个体信仰为主的分散崇拜并不相同"③。尽管有这些"弱组织"存在,但是李天纲认为"中国人的现代宗教,仍然不是西方化的组织,不是集体式的教会、讲道、宣教,而是个人化的焚香、静修、祈祷。……也就是说,当代的城市宗教仍然没有按照西方宗教的方式,进一步趋于组织化,反而是在经受打击和取缔以后,更加的个人

① 李天纲:《金泽——江南民间祭祀探源》,北京.生活·读书·新知三联书店,2017年版,525页。

② 李天纲:《金泽——江南民间祭祀探源》,北京.生活·读书·新知三联书店,2017年版,388页。

③ 李天纲:《金泽——江南民间祭祀探源》,北京.生活·读书·新知三联书店,2017年版,495页。

化、分散化"①。

接着，他指出"中国人的宗教，就是用适当的方式去和鬼神、魂魄打交道"②。打交道的方式是血祭、焚香但不设像。最后，李天纲教授对中国宗教进行了总结，他认为"和西方亚伯拉罕宗教相比，中国宗教忽视教会和神学，重视的是礼仪和祭祀。……中国宗教与其说是'讲'（神学）的宗教，不如说是'做'（祭祀）的宗教；与其说是个人的宗教，不如说是群体的宗教"③。在李天纲教授的书中，我们发现信徒烧香拜佛其实不是代表个人，而是代表家庭，"按寺庙僧侣的说法，妇女烧香，不单代表自己，还代表了一家，男性成员都包括"④。所以，祭祀仪式未必是李教授所言的个人化，也可能是家庭化。在下面我进行的田野调查中，你会发现，城市中的中国宗教也不缺乏组织化的存在。

郁喆隽将各地在特定时间抬老爷的仪式定义为"迎神赛会"："在本研究中，本人提出以下三个特征作为迎神赛会（以

---

① 李天纲：《金泽——江南民间祭祀探源》，北京.生活·读书·新知三联书店，2017 年版，478－479 页。

② 李天纲：《金泽——江南民间祭祀探源》，北京.生活·读书·新知三联书店，2017 年版，425 页。

③ 李天纲：《金泽——江南民间祭祀探源》，北京.生活·读书·新知三联书店，2017 年版，540 页。

④ 李天纲：《金泽——江南民间祭祀探源》，北京.生活·读书·新知三联书店，2017 年版，411 页。

下简称"赛会"）工作定义：（1）赛会崇拜的对象是地方（社区）神祇——宗教特征。（2）游神仪仗是赛会的要件，也就是说，地方神祇（可以是一个也可以有多个）的画像、塑像要在赛会期间被抬出它们的日常住所（庙宇、祠堂等），在一定的社区范围内（城市、乡镇、村）游行——巡游仪仗特征。（3）赛会的筹备和执行主体是俗人（平信徒），而非职业僧侣或道士——民间宗教特征。"①

在上述定义的基础之上，他对民国时期上海地区迎神赛会的宗教现象进行了研究。在他的研究中，我们特别要注意的是，抬老爷的人并不是专业的宗教人士，而一般以俗人为主导。这种现象在我们接下来的田野调查的案例中也会出现。神明被抬出来以后，要在自己的管辖区域内巡逻一圈。同时，在巡逻的仪仗队伍中，我们发现了各种宗教的元素（例如《礼记》中的作为尸的孩子）的混融。因此，他认为在中国宗教中，神圣与世俗是一种交融和共存的关系。在结论中，他对杨庆堃的一些观点进行了批评，尤其是平信徒是否具有组织性的问题。

他认为，"杨庆堃下了两个非常强的断语：一是职业僧侣（出家人）和寺庙是仅有的两个整合普通信徒的途径（命题

---

① 郁喆隽：《神明与市民——民国时期上海地区迎神赛会研究》，上海：上海三联书店，2014 年版，61 - 62 页。

一）；二是民间信仰是社区和世俗社会制度的一部分，其信众不隶属于独立的宗教团体"①。

通过对上海迎神赛会进行研究，他发现迎神赛会的"会首和庙董组织基本上属于自组织（self-organization），它们一般具有以下几个特点：（1）发起这些组织的直接目的都是为了维持庙宇、筹备和举办赛会，而不是出于营利的经济目的。（2）这些组织的成员是在原则上自愿加入的。……（3）这些组织大多不设常年机构——邑庙董事会除外——而仅在赛会前聚集，赛会后解散。（4）会首和庙董组织是独立的，与当地乡里、村社、乡镇的家庭-氏族结构不一致，和行会组织也没有直接关联，和基层政权更不存在重叠"。② 因此，他得出结论，"中国宗教中存在有组织的平信徒"。③ 我们认同郁喆隽的观点，但是，这些平信徒和欧大年在其博士论文中所阐述的民间宗教组织到底有多大的区别，仍然有待于我们去探索。

欧大年认为存在一些不同于秘密结社和公开存在的制度性宗教的民间宗教组织。欧大年在其博士论文《中国民间宗教教派研究》中指出，他是在杨庆堃的理论激发下进行研

---

① 郁喆隽：《神明与市民——民国时期上海地区迎神赛会研究》，上海.上海三联书店，2014年版，272页。

② 郁喆隽：《神明与市民——民国时期上海地区迎神赛会研究》，上海.上海三联书店，2014年版，273页。

③ 郁喆隽：《神明与市民——民国时期上海地区迎神赛会研究》，上海.上海三联书店，2014年版，273页。

究的,"第三类常见的宗教形式是那些不同信仰相混合的宗教结社……无论是一般的宗教(如佛教和道教)还是一些民间教派,都发展了自己的理论、祭礼和不受世俗社会制度的结构和作用制约的组织系统……不管内容如何,救世理论始终是民间宗教运动的核心……教派的基本口号是它们能使全体受苦受难的人类得到拯救。启迪我从事这一研究的动机多半来自杨先生著作中的这些话"①。照目前来看,两者的主要区别在于教首是否是职业僧侣。但我们认为,实际上,欧大年笔下所描述的众多教派的主体人员也是平信徒。我们暂时先把杨庆堃先生的真实意图抛开,可以断定的是在中国宗教中存在有组织的平信徒。

滨岛敦俊认为明清时期的江南农村民间信仰可以用"总管"崇拜来概括,这种崇拜与本地区漕运事宜有着密切的关联。保护漕运的负责人是本地区的地主阶层。因此,可以说,地主阶层保护漕运的心理需求是本地区"总管"崇拜形成的基础。随着地主阶层在该地区的没落,"总管"的信仰并没有随之消失,而是改变了形象,从保护漕运的官员变成了牺牲自己开仓放粮的英雄。另外,滨岛敦俊认为土神信仰与被记录为"巫"的宗教职能者有着密切的关联。这些宗教职能

---

① 欧大年:《中国民间宗教教派研究》,上海.上海古籍出版社,1993年版,7页。

往往通过三种方式使得土神成为真正的神。它们分别是：第一，"制造出其生前的义行和悲剧性的死的传说"①；第二，结合死后已经存有的"灵异显现"；第三，得到或者杜撰官方的封爵。通过这三者，土神变成了真正的神。滨岛敦俊认为，这种造神运动实际上是因为当地具有浓厚的萨满信仰，"当地民间信仰的核心就是存在着这样的萨满信仰（shamanism）"②。与李天纲教授的观点相对比，我们发现滨岛敦俊的理论很难解释现代中国民间祭祀与"三礼"中祭祀仪式的相似性。或者说，萨满宗教可能只是土神崇拜的一个似是而非的基础。归根到底，祭祀仪式是这些造神运动更加坚实的基础，被祭祀的祖先原先也是一个活着的普通人。此外，在李天纲教授的田野调查和下文将提到的田野调查中，我们发现"职业巫师"并不是祭祀仪式一个不可或缺的因素，很多祭祀仪式都不存在职业的"萨满巫师"。当然，萨满教是否是当下中国民间宗教最重要的组成部分，我们持保留意见，因为，第一，萨满教的定义仍有诸多的争议；第二，"萨满巫师"的缺失，并不能代表萨满教的缺席。在儒教祭祀仪式和萨满信仰之间，我们认为儒教祭祀传统是民间造神运动更

---

① 滨岛敦俊：《明清江南农村社会与民间信仰》（朱海滨译），厦门.厦门大学出版社，2008 年版，236 页。

② 滨岛敦俊：《明清江南农村社会与民间信仰》（朱海滨译），厦门.厦门大学出版社，2008 年版，236 页。

加坚实的基础。

上述这些研究主要以历史文献（地方县志、报刊和二十四史）为依据，结合或者不结合田野调查，为江南民间信仰活动的"当下"状态的研究留下了一定的空间。此外，我们发现上述信仰活动，很难像斯达克那样只关注于信仰活动的人的这一面，而必须以双方的互动为研究对象。因此，不管是作为背景，还是作为主要内容，人神关系是始终需要说明的核心问题。

（五）从礼物交换的视角研究当下江南的民间信仰活动

上文谈到，学术界已经将礼物交换作为解释中国宗教的一种范式。但是，这些研究存在一些缺陷，使得本书的研究有其自身的价值。第一，这些研究没有对礼物模式进行系统的梳理，区分出不同的礼物模式；正是因为对莫斯礼物模式的认识不清，宗树人才会错误地将莫斯的三维结构看作是二维结构。因此，在理论方面，我们将追根溯源，通过梳理礼物交换的理论，给出莫斯礼物交换模式。第二，这些研究的研究对象不是江南的民间信仰活动，例如阎云翔以东北农村礼物交换为研究对象，杨美惠以中国城市礼物交换为研究对象，宗树人以某些宗教人士、香港地区丧葬业为研究对象。

所以,以礼物交换的视角来研究江南民间信仰活动仍然是一个可行的课题。第三,现有宗教学领域的礼物交换研究,目的大多是为了证实或者证伪某种礼物交换原则。这不是本书的研究目的。在本书的研究中,我们特别注重对于事实的客观记述,希望避免在讨论事实的过程中用力过猛,让主观的认识歪曲了现有的宗教事实。江南民间信仰活动中的人神关系是不是一种礼物关系,答案只能在田野调查之后给出。本书的研究目的不是构建一个完美的礼物交换模式,而是为了更好地呈现和理解当下存在于中国的宗教事实。当然,我们相信这种研究会有助于对礼物交换的理解。

二　礼物模式的发展逻辑：重回莫斯

（一）无"灵"的礼物模式的两种形态

自从《礼物》一书出版以来，研究该书的论文与专著可谓是卷帙浩繁。正如萨林斯（Marshall Sahlins）所言："马赛尔·莫斯著名的《礼物》成为了他自己对这个时代的礼物……对职业人类学家来说，它仍然是无尽沉思的一大资源。"[①]在这些研究之中，礼物之"灵"的研究无疑是争论的聚焦点，同时它也是与宗教学相关度最为密切的部分。围绕着礼物之"灵"存在与否，礼物之"灵"的本质，礼物之"灵"的存在方式，礼物之"灵"与交换理论等问题，思想家们可以划分为两个不同的阵营：一方否认礼物之"灵"的存在，另一方则承认礼物之"灵"的存在。在否认礼物之"灵"存在的这一方，

---

① Marshall Sahlins, *Stone Age Economics* (Chicago: Aldine-Atherton, Inc. 1972), p. 149.

根据这些思想家归属的学科不同，我们又可以将他们划分为无"灵"派的人类学家和无"灵"派的哲学家。

1. 无"灵"派的人类学家们：从马林诺夫斯基、萨林斯到列维-斯特劳斯

在莫斯发表《礼物》之后，人类学家马林诺夫斯基不以为然。他认为礼物之"灵"是画蛇添足，原始人之间的礼物交换，只需要用互惠的原则就足以解释清楚。正如阎云翔所言："为反对莫斯的礼物之灵说，马林诺夫斯基在后来的一本书（1926）中收回了他的纯礼物概念并明确提出互惠（reciprocity）原则来解释地方的经济交易体系。"①有学者认为马林诺夫斯基并不是主动收回"纯礼物"（pure gift）的概念，而是接受了莫斯的批评，抛弃了"纯礼物"的概念（James Laidlaw，2000）。实际上，马林诺夫斯基确实在《犯罪和习俗》一书的注脚中感谢了莫斯。不过，他指出他在看到莫斯的观点之前就已经决定抛弃"纯礼物"的概念。在这个前提下，马林诺夫斯基重新认真考虑礼物交换的机制（James Laidlaw，2000）。马林诺夫斯基写道："我的意思是，首领对平民的要求，丈夫对妻子的要求，父母对孩子的要求，反之亦然，都不是任意和单方面的行使，而是按照明确的规则行事，

---

① 阎云翔：《礼物的流动：一个中国村庄中的互惠原则与社会网络》（李放春、刘瑜译），上海. 上海人民出版社，2000年版，5页。

并安排到平衡的互惠服务链之中。"①也就是说,所有付出都不是单方面的,所有付出都有对应的回报,礼物交换构成的是一种"互惠服务链"。阎云翔认为自此以后,互惠原则在礼物交换研究中占据主流的地位。

随后加入批评莫斯阵营的雷蒙德·弗斯则认为"莫斯混淆了不同类型的豪(hau),例如人的豪、地的豪和森林的豪。这些豪在毛利人看来是有所区别的。在这种混淆的基础上,莫斯犯了一个严重的错误"②。也就是说,将通家的豪等同于赠送出通家之人的豪肯定是错误的。在介绍完韦纳(Annette B. Weiner)的观点之后,我们将发现弗斯此种论断的错误性。弗斯还认为莫斯的"豪"可以理解为世俗的社会惩戒。实际上,在涂尔干和莫斯那里,社会和神圣之间有着密切的关联。对于注重事实的社会学年鉴学派来说,重要的是在不背离事实的前提下进行阐释。如若毛利人的社会惩戒表现为一种宗教概念,怎么能随意抹杀这种宗教性呢?

多年以后,人类学家萨林斯重新回到礼物之"灵"这个主题,对马林诺夫斯基的论断基本表示认同,认为互惠原则足

① Bronislaw Malinowski, *Crime and Custom in Savage Society* (New York: Harcourt, Brace & Company, Inc. London: Kegan Paul, Trench, Trubner & Co., Ltd. 1926), p.46.

② Marshall Sahlins, *Stone Age Economics* (Chicago: Aldine-Atherton, Inc. 1972), p.155.

以解释礼物交换的模式。萨林斯还特别请求毛利的研究专家毕盖斯对莫斯引用的那段话进行重新翻译。萨林斯认为莫斯忽视了毛利智者哈那皮里那段话的适用范围。实际上，那段话是用经济概念来解释一项宗教仪式，而莫斯的解释恰好是哈那皮里的颠倒：选择用宗教概念去解释经济公式。既然这个解释最初适用于一个仪式，并且世俗的交换方式仅仅是对宗教仪式中礼物交换方式的复制，我们就可以从宗教仪式中看出礼物交换的最初形式。正如萨林斯所言："这段话完全应该回到它的位置，作为一项祭祀仪式的描述的解释性注解。"①

这是一个关于将猎鸟献祭给森林的"豪"的仪式。之所以会有这个仪式，是因为狩猎所得的鸟儿是由森林中的"豪"带来的。这个"豪"住在祭司放置的房子（茅瑞）里面，简要地说："这个茅瑞（mauri）拥有增长的力量，由祭司（tohunga）放置在森林之中，这个茅瑞使得猎鸟增多。一些被捕获的鸟应该被仪式性送还给那些放置这个茅瑞的祭司，祭司吃掉这些鸟实际上归还了森林的生产力……"这个宗教仪式还可以进一步简化为一个"三方参与的游戏"："A 送一个礼物给 B，B 用这个礼物和 C 进行交换，换到了另一个礼物。既然后一

① Marshall Sahlins, *Stone Age Economics* (Chicago: Aldine-Atherton, Inc. 1972), p.157.

个由 C 给到 B 的礼物(taonga)是 A 的礼物的产物(hau),这份收益应该给予 A。"①

所以说,萨林斯认为"重点并不是精神性和(莫斯)这样的相互性,更准确地说,一个人的礼物不应该是另一人的资产;所以,礼物的果实应该送还给最初的拥有者,那么第三方的引入是必要的"②。否则,如果礼物之中的力量要求收礼者还礼的话,一个双方结构就够了。而且,萨林斯认为"豪"这个术语进入文本中的位置具有重要的意义:"最后,观察'豪'这个术语进入讨论的位置,并不是出现于第一个人转送给第二个人的最初转送的时候,如果'豪'是礼物之中的精神,那么它该开始于这个时候,但它出现于第二个人和第三个人交换之间,逻辑上,它是礼物的收益。"③从这段话可以看出,在萨林斯看来,"豪"不是别的,只不过是送出的礼物所产生的收益(profit)。

阎云翔认为萨林斯的研究具有双重功能:第一,证实了马林诺夫斯基提出的互惠原则的正确性。第二,他对马林诺夫斯基的互惠原则进行了更加细致的区分。他认为"亲属关

① Marshall Sahlins, *Stone Age Economics* (Chicago: Aldine-Atherton, Inc. 1972), p. 159.

② Marshall Sahlins, *Stone Age Economics* (Chicago: Aldine-Atherton, Inc. 1972), p. 160.

③ Marshall Sahlins, *Stone Age Economics* (Chicago: Aldine-Atherton, Inc. 1972), p. 160.

系的远近、合群度及慷慨度"①是礼物交换呈现出不同样式的原因。有西方学者沿着这一路线继续研究,发现在现代社会中,礼物交换伴随着两种不同的原则,一种是以感情深浅来定,一种以传统的义务为原则,"然而,馈赠礼物给朋友更多地伴随着情感的程度……大多数人习惯性地感到有一种维持(家庭)关系的道德义务"②。阎云翔对萨林斯的研究大加赞赏,认为正是这一探讨,才使得礼物原则得以继续处于人类学讨论的中心。

但是,萨林斯没有考虑到一个现象,在莫斯研究的诸多社会中,有些物要和其他物区分开来。这些物的交换方式也与其他物有所不同。如果都是经济意义上的交换,那么为什么这些社会会将两者区分开来呢? 所以,虽然我们肯定萨林斯对这段经典文本进行仔细分析方面所作出的贡献,但是,萨林斯等人存在将礼物与商品(礼物交换与商品交换)混淆起来的危险。詹姆斯·凯瑞尔(James Carrier)认为莫斯并不赞同马林诺夫斯基单一化的观点,这种观点将特罗布里恩的交换等同于工业社会中由独立个人进行的理性和利益化

　　① 阎云翔:《礼物的流动:一个中国村庄中的互惠原则与社会网络》(李放春、刘瑜译),上海.上海人民出版社,2000 年版,7 页。

　　② Aafke Komter and Wilma Vollebergh, "Gift Giving and the Emotional Significance of Family and Friends," *Journal of Marriage and Family*, Vol.59, No.3 (Aug., 1997), p.756.

的交换。相反,他认为存在两种交换,一种是礼物交换,一种是商业交换。[①] 弗洛伦斯·韦伯女士也认为"物之力"并不能被束之高阁,礼物与商品的区分是现实存在的。她认为"在'金瓦利'类型的系统中,就像在那些奠定了市场基础的司法制度中一样,物品与交换它们的个体是分离的,同时,(落在物上的)'物权'和(落在人上的)'个人权利'也是分离的。莫斯指出,在总体呈献体系中,'物'和'人'并不是分离的,而是'混融'在一起的"[②]。与宗教市场论者一样,我们在这里看到的是萨林斯将异质性行为纳入同一概念的错误。

实际上,互惠原则在东方社会很难作为礼物交换的主导性原则。导言中,我们提到了印度的檀施,这种礼物馈赠不符合互惠的原则。同样,尽管阎云翔对萨林斯大加赞赏,认同互惠原则在礼物交换方面是主导性的原则,但是,他自己的研究也表明互惠原则本身很难对中国的礼物交换行为进行有效的解释。正如上文中提到的那样,在对中国农村社会的礼物交换现象进行研究之后,阎云翔认为尽管互惠原则在中国农村社会中有所体现,但要真正理解中国农村社会的礼

---

① James Carrier, "Gifts, Commodities, and Social Relations: A Maussian View of Exchange," *Sociological Forum*, Vol. 6, No. 1 (Mar., 1991), p. 121.

② 马赛尔·莫斯:《礼物——古式社会中交换的形式与理由》附录(南楠译,汲喆、巫能昌校),北京.商务印书馆,2016年版,153-154页。

物交换，不能忽视人情原则，甚至可以说，解决温饱问题以后，人情原则是更加重要的原则。更何况，中国农村社会的婚礼、葬礼中出现的礼物交换，根本不是纯粹属人的事情，只有吉利的日子才能举办这样的仪式，这个日子需要由特殊的人来选定，这个特殊的人具有确定神圣时间的能力。阎云翔完全忽视了这种宗教性。

我们大胆猜测如果被互惠原则影响太深，还存在着将社会人还原成经济人或者其他单向度的人的危险。不仅中国农村社会的礼物交换不能仅仅归结为互惠原则，很多其他社会也包含其他原则。

哈根认为，萨林斯的解释忽视了礼物交换所涉及的道德内涵，例如将无交换行为纳入"一般互惠"论。在这种理论中，回报是开放或者不必要的，因为不存在两者关系的书面证明。①

哈根认为："更加重要的是，这条进路无法说明存在于馈赠和接受背后道德的深思熟虑，并且可能遮蔽了马宁（Matrin）和艾培（Epe）理解自身情况的方式。正如我将阐释的，马尼欧（Maneo）没有明文命令分享的道德原则。然而，这种缺席并非意味着无道德的相对主义的轻率，也不意味着

---

① James M. Hagen, "The Good behind the Gift: Morality and Exchange among the Maneo of Eastern Indonesia," *The Journal of the Royal Anthropological Institute*, Vol. 5, No. 3 (Sep., 1999), p. 362.

道德原则的缺乏。"①这种道德关切不是无关紧要的,"我表明,道德关切(包括对慷慨的欲望)不能被还原为对实践的效果和实践的需要的关注"②。哈根认为,礼物交换是一个复杂的行为,不能将其简单化,"视赠予的社会价值仅仅存在于行为及其结果中,这忽视了它扮演满足期望的一种欲望的方式。这将会取消交换的道德维度的复杂性和不可还原性"③。

综上所述,我们认定互惠原则只能是诸多交换原则之内的一种原则,这一点恰恰也是莫斯所认同的。莫斯所反对的只有一点:礼物交换只遵循互惠原则。

除了上述批评以外,结构主义人类学之父列维-斯特劳斯从另一个角度对莫斯礼物之"灵"的解释进行了批评。萨林斯将这种批评称为对土著智者理性化程度的质疑。古德利尔认为斯特劳斯在重新定义涂尔干和莫斯眼中的社会。换言之,他认为斯特劳斯将社会定义为交换是对涂尔干将社

---

① James M. Hagen, "The Good behind the Gift: Morality and Exchange among the Maneo of Eastern Indonesia," *The Journal of the Royal Anthropological Institute*, Vol. 5, No. 3 (Sep., 1999), p. 362.

② James M. Hagen, "The Good behind the Gift: Morality and Exchange among the Maneo of Eastern Indonesia," *The Journal of the Royal Anthropological Institute*, Vol. 5, No. 3 (Sep., 1999), p. 366.

③ James M. Hagen, "The Good behind the Gift: Morality and Exchange among the Maneo of Eastern Indonesia," *The Journal of the Royal Anthropological Institute*, Vol. 5, No. 3 (Sep., 1999), p. 372.

会定义为神圣的一种颠覆。从根本上来说，社会从作为神圣存在到作为交换存在的转变是从倚重想象到倚重符号的转变。

斯特劳斯认为"如果交换是必要的，不是被给定的，那么它必定是被构建的"①。由此，他引出了如下问题。他问道：这是如何构建的？斯特劳斯认为，这不仅仅是他个人的问题，也是莫斯遇到的问题。针对交换如何构建的问题，莫斯给出了自己的答案。莫斯认为是"豪"使得整个交换系统得以运作起来。我们认为"豪"的引入使得莫斯的礼物交换结构从来都不是二维的，而只能是三维的。我们发现宗树人的三维结构的真正来源，他和莫斯的思想比他自己认为的更加接近。

然而，斯特劳斯对莫斯的答案并不满意。他甚至认为莫斯在这里犯了一个重要的错误，那就是轻易相信原始部落人关于这个系统的运行的解释。他直言，莫斯被土著智者迷惑了。斯特劳斯认为，既然西方人需要走出自己的圈子才能对自己的解释进行比较和评判，那么，原始部落的人的解释也要接受比较和批判，而不是直接被认定为正确的解释。他认为对于这种有意识的解释，需要到无意识的语言上寻求基

①　Claude Lévi-Strauss, *Introduction to the Work of Marcel Mauss* (London: Routledge & Kegan Paul 1987), p. 46.

础。于是,斯特劳斯从语言的角度对"豪"的存在进行了重新解释。有些学者认为斯特劳斯对"豪"的解读,标志着他本人思想与莫斯思想有着很大的区别,更有学者认为这是对莫斯思想的一种背离。

斯特劳斯认为存在两种语言,一种是象征的语言,一种是精确的语言。精确的语言指的是科学的语言,象征的语言则指的是同时指向很多对象的语言。换用能指和所指的概念来阐述的话,可以作出如下表达:精确的语言指的是能指与所指——对应的语言,象征的语言指的是能指和所指并不——对应的语言。这两种语言是对立的。斯特劳斯写道,"所以存在一种基本的对立,在不连续的象征主义和连续的知识之间";同时也是一种相互补充,"有两种类型的能指和所指,同时存在,相互独立,作为一个相互补充的整体"。①

象征语言是一种能指(signifier)过于泛滥的语言,因为与之相对应的所指并没有被很好地安置到相应的位置。人类刚开始时就有了象征语言,"也就是说,人类从一开始在他的倾向中就有完全的能指(signifier-totality),他不知道如何安排他的所指……"②,并且,"两者之间总是存在一种不平

---

① Claude Lévi-Strauss, *Introduction to the Work of Marcel Mauss* (London: Routledge & Kegan Paul 1987), p. 60.

② Claude Lévi-Strauss, *Introduction to the Work of Marcel Mauss* (London: Routledge & Kegan Paul 1987), p. 62.

等和'不充分',一种不契合和过剩被神圣的理解所吸收,这造成了能指相对于适合它的所指的过剩性"①。斯特劳斯认为:"人类知识的发展是精确语言不断扩展和象征语言不断缩小的过程……知识,也就是理智化的进程,确保我们将能指的确定方面和所指的确定方面等同起来,一方指涉另一方……过程开始时非常缓慢。"②

由此可见,在斯特劳斯看来,在象征语言中,存在着过度的能指,但是其所指向的对象却并不清晰。结果这一语言的能指功能异常强大,可以指向众多对象,却不能清晰地对世界作区分,换言之,众多的事物都可以归到一个名称之下。在斯特劳斯看来,莫斯所轻信的原始部落的贤者完全没有区分出象征语言和精确语言,也就是说,他犯了过度使用象征语言的错误。

我们认为斯特劳斯的批评有几个值得商榷的地方。第一,在斯特劳斯那里,精确语言和象征语言是可以作出明确的区分的。我们发现,情况并非如此。在原始部落,原始人当然知道这棵树是一棵树。"树"这个术语的能指有对应的所指,并不是说原始人没有意识到这两者之间的能指与所指关

① Claude Lévi-Strauss, *Introduction to the Work of Marcel Mauss* (London: Routledge & Kegan Paul 1987), p.62.

② Claude Lévi-Strauss, *Introduction to the Work of Marcel Mauss* (London: Routledge & Kegan Paul 1987), p.62.

系，没有意识到"树"是一棵树，但是，有可能这一棵树也会弥漫着"曼纳（mana）"或者"豪"。所以，象征语言和精确语言重合在了一起。在某些时候，我们发现象征语言与精确语言并不能被明确区分开来，两者之间的关系并非两者分别掌管毫无重合的领地。第二，在斯特劳斯看来，人有一种区分精确语言和象征语言的天性。实际上，这一点并不清晰。第三，精确语言的进步史并没有带来象征语言的绝对消失。斯特劳斯认为只要能指与所指形成对应，那么，能指与所指不相对应的象征语言就会消失。随着精确语言的不断扩展，象征语言会不断收缩自身的地盘。但至今，我们还是遇到各种各样的象征语言，只是这些象征语言有着不同的形式。一个神的名称也存在多种多样的所指，也许比原先更加多样，比如耶稣。

总而言之，斯特劳斯的解释的基础开始于这样一个假定：精确语言与象征语言总是可以明确区分开来。除了这个假设以外，古德利尔认为斯特劳斯还假设了"语言大爆炸"。实际上，这些假设本身没有得到可信的验证，不是不证自明的公理。所以，与其在理性与非理性之间纠结，不如效仿涂尔干，在研究之前，研究者在确认某种现象是否是社会事实上下功夫。如果某种现象是社会事实，那么，它就可以作为一个社会学的研究对象。显然，"豪"是一种社会现象，这种观念是普遍存在的。因此，涂尔干认为我们应该去探究这种观念的起源和基础。

2. 无"灵"派的哲学家们：从萨特、阿尔弗雷德·索恩雷特尔到阿兰·伽耶

到了哲学家这边，萨特认为礼物交换是一个充满不确定性的机制，我们不可能通过这样的机制为《存在与虚无》之中绝对自由的人构筑一种伦理学。萨特在《伦理学笔记》中写道："让我们注意礼物的模棱两可性……（礼物交换机制中）存在一种双重的结构：一、团结的深层结构；二、他者之间显现出第二重相互奴役的结构，这种结构带有竞争性。在这样一种方式中，夸富宴的模棱两可性在于它将对抗还是友好的建议不确定化了，它不确定他者与我之间是敌人还是朋友。"[①]

正是由于夸富宴的这种不确定性，萨特认为企图借助礼物交换的机制为绝对自我构筑一种伦理学是不可能的。道格拉斯·史密斯（Douglas Smith）认为："在萨特眼中，礼物机制是不稳定的。"[②]他认为正是这个原因使得萨特认为"将礼物视为一种互惠的机制并且将其视为伦理哲学的基础是不能成立的"[③]。道格拉斯·史密斯进一步指出礼物的模棱两可性是萨特放弃《伦理学笔记》整个计划的原因之一。

① Douglas Smith, "Between the Devil and the Good Lord: Sartre and the Gift," *Sartre Studies International*, Vol.8, No.1 (2002), p.5.

② Douglas Smith, "Between the Devil and the Good Lord: Sartre and the Gift," *Sartre Studies International*, Vol.8, No.1 (2002), p.5.

③ Douglas Smith, "Between the Devil and the Good Lord: Sartre and the Gift," *Sartre Studies International*, Vol.8, No.1 (2002), p.5.

我们承认礼物交换之中存在双重性，用莫斯的话说，一方面是自由，一方面是义务；用古德利尔的话来说，一方面是团结，一方面是带有等级意味的优越性。但是，萨特眼中的礼物交换并不是建立在礼物交换的共性之上，而是建立在一个特例之上。这个特例不是别的，恰恰是"夸富宴"。我们认为这个特例的选择致使萨特完全误解了礼物交换机制的本质。上文已经谈到博厄斯所描绘的"夸富宴"是殖民地贸易的结果，而不是夸富宴原有的形态。实际上，"人对人像狼一样"是市场经济的现状，而不是原先礼物交换为主导的社会的主要样态。

阿尔弗雷德·索恩-雷特尔认为礼物交换机制的运行只有在所有物品都是共有的前提下才是可能的。正因为物品是共有的，"集体生产方式和这样或那样的共同财产是必要的" ①，礼物交换才能达成。也就是说，财产既然不是个人所有的，那么，个人也就没有所有权，"一个人，如果没有对其收到的礼物一一回礼，就好像这礼物是他私人的、确定的财产似的，那么，他将会与他的共同体处在不可容忍的对立之中，并遭到排斥" ②。随着劳动技术的进化，雷特尔认为礼物交换终究会被商品交换所代替。在私有制社会，他认定这种礼

① 阿尔弗雷德·索恩-雷特尔：《脑力劳动与体力劳动：西方历史的认识论》(谢永康、侯振武译)，南京.南京大学出版社，2015年版，63页。

② 阿尔弗雷德·索恩-雷特尔：《脑力劳动与体力劳动：西方历史的认识论》(谢永康、侯振武译)，南京.南京大学出版社，2015年版，64页。

物交换将不复存在。他写道:"但现在,在这个背景下,在礼物交换时不再依靠回礼的准备,交换必然经历一项深刻的变革,这正是向商品交换的变革。"①

雷特尔的理论受到诸多学者的批评。第一,有些学者认为个人具有礼物的所有权,而不仅仅是使用权。古德利尔就认为送礼者对于礼物是具有所有权的,赠送礼物赠送的只是使用权。换言之,个人具有所有权。不然的话,我们很难解释为什么一定要回礼,赠与者又为什么会对受礼者具有某种权力。财产共有的话,只要受礼者不独占礼物就可以了,他可以将其送给别人,没有义务回赠给最初的赠礼者。礼物交换得以形成,它的运行基础或许不是财产所有制形式(共有还是私有),而在于别处,我们在下文中将会谈到。第二,雷特尔私有制社会不存在礼物交换的论断也为其他一些学者所否定。有学者就指出:"简单社会的礼物馈赠是人类学和社会学研究的主要部分。然而,工业资本主义社会的礼物馈赠被忽视了。"②法国当代哲学家阿兰·伽耶也强调礼物交换在当代社会依然存在。在伽耶看来,"礼物的世界如今仍然无所不在。

---

① 阿尔弗雷德·索恩-雷特尔:《脑力劳动与体力劳动:西方历史的认识论》(谢永康、侯振武译),南京:南京大学出版社,2015年版,65页。

② James Carrier, " Gifts in a World of Commodities: The Ideology of the Perfect Gift in American Society," *Social Analysis: The International Journal of Social and Cultural Practice*, No. 29 (December 1990), p. 29.

首先，在我们所说的'初级社会性'的范围内，也就是就家庭、邻里、同事和朋友的交往之道而言，个人的人格要比功能上的有效性重要得多。即便在'次级社会性'的范围内，例如在企业或行政机构中，确实与初级社会性相反，功能性要比人格重要，但由于功能毕竟是由人、而且是每个个人所承载的，所以给予、接受和回报这三种义务的逻辑仍然具有决定性"①。

不过，与雷特尔一样，伽耶对礼物之"灵"不感兴趣，着墨甚少。我们认为阿兰·伽耶将人的情感视为人性的一部分，并且认定情感传递只有通过礼物才有可能，因此无论什么时候，礼物交换都将继续存在。伽耶没有区分社会情感与个人情感，也没有说明社会情感与个人之间的关系。难道社会情感不能是一种凌驾于人之上，又为人所依靠的"灵"？在介绍完无"灵"派的各种观点以后，我们重点介绍一下坚持认为存在礼物之"灵"的两位思想家：韦纳和古德利尔。

（二）有"灵"的礼物模式：
从韦纳到古德利尔

基于上述无"灵"的礼物模式的缺陷，韦纳和古德利尔都

---

① 马赛尔·莫斯：《礼物——古式社会中交换的形式与理由》前言（汲喆译，陈瑞桦校），北京.商务印书馆，2016 年版，13 页。

认为礼物之"灵"是实际存在的。但是,与莫斯有所区别,古德利尔与韦纳都认为礼物之"灵"并不存在于那些可以转让的物品之上,而是存在于那些不可转让的物品之上,最为神圣的物品是最需要保留下来的物品。这个发现其实也来源于莫斯。莫斯在描述夸扣特尔地区的时候曾经说过:"在夸扣特尔,有一些此类事物尽管会出现在夸富宴上,但却是不能转让的。质言之,这些财产是家族的圣物(sacra),绝不会轻易出手,甚至会永不与之分离。"①

针对马林诺夫斯基、萨林斯等人的互惠理论,韦纳表示反对。弗洛伦斯将韦纳的观点作了如下总结:"互惠不过是交换行为的表象,交换其实是建立在物的不可让渡性上的。总之,物之灵其实就是其流经的每个主人的人格在物上留下的痕迹。因此,每个物都包含了其全部历史。"②我们认同弗洛伦斯的论述,不过我们认为可以讲述得更加具体,这种具体性体现在有关物的历史的记录方式上。首先,我们将引述韦纳在其两部名著中的段落,然后给出韦纳眼中的礼物之"灵"。她在《巴布新几内亚的特罗布里恩》一书中对石制斧头有如下描述:"这些有价值的物品通常是从他母亲的兄弟

① 马赛尔·莫斯:《礼物——古式社会中交换的形式与理由》(汲喆译、陈瑞桦校),北京.商务印书馆,2016年版,72页。
② 马赛尔·莫斯:《礼物——古式社会中交换的形式与理由》附录(南楠译,汲喆、巫能昌校),北京.商务印书馆,2016年版,155页。

或者他父亲那里继承下来的。对婚礼和对葬礼来说，这些物品是至关重要的，尤其是对补偿性付款来说。在土地使用、从他人那里购买种子、付给为他们实施某种重要巫术的专家费用时，它们都是基本的支付物。正因为这些物品从一个人传到另一个人，拥有它们的人的名字开始与这些物品相联系，并且这种历史增加了它们的价值。虽然作为这类财富一部分的钱，最近得到了使用，并且能够作为传统价值物的替代品，但是，它经常短缺，它不能带有同样的个人、年代与物品的联系，所以说它无法替代这些更加深厚的价值。"[1]这些斧头是从库拉交换中得到的，并且只有在重要的时刻（比如婚礼中）才会被交换出去，"这些斧头会在婚礼中被用于交换，一般由新郎亲戚提供给新娘一方中为首次交换作出过贡献的人"[2]。

所以，对韦纳来说，礼物之"灵"指的是每个礼物拥有的名字，结合这些礼物交换的形式，为婚礼作出贡献的人才有拿到这些礼物的资格，所以，这些名字代表了曾经的拥有者所付出的责任和贡献，这部分内容在转让过程中被保留了下来。

此外，还有一种不可转让的财产，这种财产更加神圣。

① Annette B. Weiner, *The Trobrianders of Papua New Guinea* (San Diego: Harcourt Brace Jovanovich College Publishers 1988), p.87.

② Annette B. Weiner, *The Trobrianders of Papua New Guinea* (San Diego: Harcourt Brace Jovanovich College Publishers 1988), p.87.

韦纳坚持这些财产与商品之间的区别。在她看来,社会交换中的物品分成两种:"有些东西,像大多数的商品,很容易就被给出去。但是存在另外一些财产,这些财产充满了拥有它们的人的固有的难以形容的个性。这些不可转让的财产被他们的拥有者所保留,并且一代代流传下去,在一个家庭、血统团体和王朝之中。这种不可转让的财产的丢失,将贬损自己和自己所属的组织。"[①]这些财产被展示的时候,它具有诸多意义,例如毛利首领的披风,"当一个毛利首领挥动她的神圣的披风之时,她在展示她不仅仅是她自己,她是她的祖先"[②]。这些不可转让(以及那些轻易不会转让)的财产带有的"灵"是人们真正追求的东西,大多数时候那是一些道德品质(责任、贡献和荣誉),而不是经济上的"恩惠"。

古德利尔注重莫斯有关不可转让之物与可转让之物的区分,并将其扩展为一个可用于所有社会的公式。他将这种不可转让的权力视为所有权,将可以让渡的权力视为使用权。在他看来,不可转让之物的存在实际上依赖于人们的想象,这种想象决定了符号,进而支配了交换。他借用韦

① Annette B. Weiner, *Inalienable Possessions: The Paradox of Keeping-While-Giving* (Oakland: University of California Press 1992), p.6.

② Annette B. Weiner, *Inalienable Possessions: The Paradox of Keeping-While-Giving* (Oakland: University of California Press 1992), p.6.

纳对特罗布里恩社会机制的描述,得出以下论断。他认为"存在这样一个论题:即使在一个由礼物馈赠支配的社会里,礼物和回礼的相互作用也并不能完全支配社会领域。有些东西是被保留的——有价值的物品(护身符、知识、仪式)——证实深层的身份和他们跨越时间之后的连续性"[①]。同时,他认为韦纳的论断还不够彻底,"她的公式是'给予同时保留',我认为走得更远是可能的……黄金保存在银行的目的是为了保证其他货币符号的流通,一个更合适的公式可能是'为了给予的保存'"[②]。换言之,保存是交换的基础。

至于想象与社会现实之间的关系,古德利尔认为符号是一种中介。他认为:"对于我们来说,我们必须作出相反的选择。首先,最重要的是人们想象他们与其他人及(我们叫作)自然的关系的方式不同,这区分出了不同的社会和它们所处的不同时间段。但是想象不能将自身转变成社会,它不能通过一种纯粹精神层面的存在去制造社会。它必须在具体的关系中被物质化,具体的关系在机构和符号之中呈现它们的形式与内容。符号代表它们并且使它们来回传递信息和交

① Maurice Godelier, *The Enigma of the Gift* (Cambridge: Polity Press 1999), p.33.

② Maurice Godelier, *The Enigma of the Gift* (Cambridge: Polity Press 1999), p.33.

流。当想象'物质化'在社会关系之中,它变成了社会现实的一部分。"①所以,上文已经提到,古德利尔认为斯特劳斯的论断本身带有假设性,即"语言的大爆炸"是一个假定的存在。所以,他将斯特劳斯的论断颠覆过来:不是符号决定想象,而是相反,想象决定符号。对于古德利尔来说,礼物之"灵"指的是一个共同体赖以存在的基础。不管这个基础是什么,它是被想象所锚定的,这个基础是不能被转让的。因此,这个礼物之"灵"以神圣性存在的面目展现出来。所以,所有社会都会有对神的献祭。他还用黄金和纸币作比喻,礼物之"灵"就是黄金,交换中的礼物就是纸币,我们可以联想到现代社会也存在拜物教。

古德利尔意识到了涂尔干和莫斯所构建的神圣性理论和礼物之间的联系,所以他睿智地将莫斯的献祭研究与礼物研究结合了起来。当然,他还是遗漏了莫斯在宗教方面的其他一些著作。古德利尔批评学术界对于莫斯进行了有选择的遗忘。他将向神献祭看作是莫斯眼中的"第四重义务"。换言之,他将献祭仪式纳入礼物交换之中。对于是否可以称献祭为"第四重义务"这一点,我们认为有待商榷。我们将在下文仔细分析献祭仪式与礼物之间的关系。但是,我们认为

---

① Maurice Godelier, *The Enigma of the Gift* (Cambridge: Polity Press 1999), p. 27.

莫斯肯定会认同这样的论断，即向神献祭是礼物交换的一种模式。莫斯甚至认为所有礼物交换都来源于人与神之间的交换。他认为："人们最早与之具有契约关系的一类存在者首先是亡灵和诸神。人们不得不与之订约，而且，就其定义而言，之所以有这二者，就是为了人们能够与之订立契约。的确，它们才是世界上的事物与财富的真正所有者。与它们交换是当务之急，不与它们交换便可能大难临头。但从另一方面来讲，与它们进行交换也是最方便和最有把握的。对牺牲的破坏，目的正就是为了确保这份牺牲能够成为必须回报的献礼。"[1]莫斯认为经济生活本身就是起源于宗教生活的，"从这一视角来看，我们已经回答了涂尔干所提出的有关经济价值观念之宗教起源的问题"[2]。

对于韦纳和古德利尔来说，不可转让之物与可转让之物之间的区别是普遍存在的。但是，我们认为莫斯并没有认定两者之间的区分是普遍的。在《礼物》一书所言及的众多地区中，他只是指出夸扣特尔这一个地区存在这样的现象。其他地区并不一定存在这样的情况。

更何况，这种不可转让之物与可转让之物的区分真的

① 马赛尔·莫斯：《礼物——古式社会中交换的形式与理由》（汲喆译，陈瑞桦校），北京.商务印书馆，2016年版，25页。

② 马赛尔·莫斯：《礼物——古式社会中交换的形式与理由》（汲喆译，陈瑞桦校），北京.商务印书馆，2016年版，121页。

等同于神圣与世俗之间的区分吗？莫斯并没有明确表示不可转让之物比可转让之物更加神圣。退一步说，我们认为不可转让之物更神圣，但是这种不可转让性指的是它的物理性，还是它的精神性，仍然是一个有待解决的问题。出现在夸富宴上的这类事物，虽然物理性上是不可能转让的，但是精神性却有可能处在一个不断放射的状态之中。换言之，这些神圣之物，很有可能是一种精神象征。在探究这些神圣之物的转让性与不可转让性时，不能仅仅关注它们的物质性。正如莫斯所指出的，这类事物往往是活的，是精神和物质的统一。所以，我们认为韦纳的公式或许不是那么容易被颠覆的，古德利尔走得太远了。此外，我们认为古德利尔的其他一些论点也未必正确，例如，古德利尔"将这类不可让渡的物与对权力的想象联系起来"①，我们认为权力固然在社会中非常重要，但这种权力是否等同于政治权力则有待商榷。

综上所述，我们十分赞同哈根的一段论述，他如此写道："我的观点是这些批评要么走得太远，以至于放弃了莫斯对交换和社会团结的关注……'为什么不允许其他不同的行为？'要么走得不够远，没有深入探究他的道德本体论（交换

---

① 马赛尔·莫斯：《礼物——古式社会中交换的形式与理由》附录（南楠译，汲喆、巫能昌校），北京，商务印书馆，2016 年版，155 页。

是一种必要的义务）。"①

我们认为尽管存在各种各样的对于莫斯礼物模式的解读，但是这些解读并没有对莫斯的思想进行总体性的把握。我们认为莫斯的思想存在某种一致性。正如上文提到的，最初的礼物交换很有可能是人与神之间的交换，所有的礼物交换都是从这种最初的礼物交换关系中脱胎出来的。所以，我们认为有必要对莫斯的宗教思想进行一次全面的梳理，给出一个囊括莫斯所有主要宗教思想的礼物模式，然后阐明这一礼物模式的主要特征。

（三）莫斯的礼物模式

1. 莫斯与涂尔干：思想的一致性大于差异性

在进入对莫斯礼物模式的详细研究以前，我们认为有必要对莫斯与涂尔干的关系进行判定。因为他们两者之间关系的定位直接关系到对莫斯的礼物理论的理解，所以，这是一个需要提前解决的问题。显然，现下有很多学者强调莫斯与涂尔干的区别，比如弗洛伦斯·韦伯、布洛赫（Marc

---

① James M. Hagen, "The Good behind the Gift: Morality and Exchange among the Maneo of Eastern Indonesia," *The Journal of the Royal Anthropological Institute*, Vol.5, No.3 (Sep., 1999), p.361.

Bloch)。弗洛伦斯认为莫斯通过《礼物》实现了一场哥白尼式的革命,"他不再像其舅父涂尔干那样,将脱离于社会脉络的抽象的社会事实——比如自杀率或右手的优势——置于社会学研究的中心,而是转向了大量复杂而具体的事实的集合"①。她还提到布洛赫对这种转变表示赞赏。布洛赫认为"这使历史学家和社会学家的合作成为可能"②。但是,仍然有学者坚持两者思想的一致性,比如阿兰·伽耶。阿兰·伽耶认为"我们应该明白,尽管莫斯的专业是民族学和原始宗教的比较史,但其研究均是从涂尔干学派的一般社会学出发的"③。我们认同阿兰·伽耶的说法。莫斯在研究自述中谈到他和涂尔干不仅一起合作写了很多著作,而且,他所做的很多研究工作都是在涂尔干的建议之下进行的,其中就包括在《礼物》中占有大量篇幅的对于"夸富宴"现象的研究。当然,我们认为莫斯的研究不能简单地划归到社会学学科之下。除了学术指导上的关联以外,莫斯和涂尔干在学术思想上也存在很强的一致性。这种思想的一致性主要体现在以下两个方面。

---

① 马赛尔·莫斯:《礼物——古式社会中交换的形式与理由》附录(南楠译,汲喆、巫能昌校),北京.商务印书馆,2016年版,138页。
② 马赛尔·莫斯:《礼物——古式社会中交换的形式与理由》附录(南楠译,汲喆、巫能昌校),北京.商务印书馆,2016年版,138页。
③ 马赛尔·莫斯:《礼物——古式社会中交换的形式与理由》前言(汲喆译,陈瑞桦校),北京.商务印书馆,2016年版,4页。

1.1 曼纳(mana)是共同的研究主题

莫斯在《献祭的性质与功能》中发现神圣的观念是献祭仪式的基本观念(basic idea)。但是，献祭仪式主要探讨的是宗教领域内的献祭仪式，并不代表其他仪式也以这一观念为基本观念。因此，在《巫术的一般理论》中，他希望探索神圣观念对巫术来说是不是也具有同样的地位。如果答案是肯定的，那么神圣性观念便是所有仪式的基础。借助巫术与献祭的研究，莫斯希望得到一个关于神圣观念的一般性结论，"到目前为止，如果我们能够将献祭仪式视为其他所有仪式的代表，那么，我们可以得出一个一般的结论：所有仪式的基本观念——这将成为我们研究的主题——就是这种关于神圣的观念"①。在这一结论的基础上，他希望构建一个关于神圣观念的理论，他谈到"然而，我们的抱负并不停留在这里。同时，当我们在巫术中发现了相同的功能秩序时，我们正走在通向神圣观念理论的路上，这归因于这一事实：我们曾经获得关于它的意义、一般性和它的起源如此不同（巫术）的面相"②。

①　Henri Hubert and Marcel Mauss, *The General Theory of Magic* (London: Routledge Classics 2001), p.10.此段翻译参考了中文版《巫术的一般理论》第 14 页。

②　Henri Hubert and Marcel Mauss, *The General Theory of Magic* (London: Routledge Classics 2001), p.11.此段翻译参考了中文版《巫术的一般理论》第 14 页。

实际上,这个关于神圣观念的理论在《巫术的一般理论》中只是得到了简单的阐明,并没有被详细论证。简单的阐明体现在对曼纳(mana)的描述上,与简单描述形成鲜明对比的是莫斯对曼纳的推崇。他甚至要转变研究的对象,从神圣性转向曼纳。因为他发现曼纳比神圣性更加普遍,神圣性只是曼纳的一个分支。他写道:"结果,我们发现曼纳的观念不仅比神圣性观念更加普遍,而且神圣性观念内在于曼纳观念之中,来源于曼纳观念。将神圣性视为曼纳的一个分支可能是公正的。"[①]然而,此种推崇并没有给出强有力的论证。

根据莫斯的传记作者富尼埃的记述,莫斯的宗教研究是涂尔干委派给他的任务。当时莫斯年轻气盛,心性还有些游移,所以,他迟迟没有完成涂尔干交代的任务。《巫术的一般理论》(1902)发表后的第十年,他的老师涂尔干直接上场,亲手解决这一问题,构建了一套关于神圣观念的理论。于是,我们就看到了逻辑极为严谨的经典之作——《宗教生活的基本形式》。两本著作在发表时间上的间隔并不代表研究主题的改变。在《宗教生活的基本形式》中,我们看到关于曼纳的解释占有两章的篇幅,并且,这些内容实际上构成了整本书的主旨内容,影响了一代又一代的学者。汲喆在一个注中写

---

① Henri Hubert and Marcel Mauss, *The General Theory of Magic* (London: Routledge Classics 2001), p.146.

道："2008 年 6 月 2 日,加拿大社会学家、涂尔干与莫斯的传记作者富尼埃(Marcel Fournier)在巴黎一个名为'犹太世系圈'(Cercle de Généalogie Juive)的协会演讲时提到,《宗教生活的基本形式》问世后,涂尔干的学生、莫斯的挚友和合作者于贝尔(Henri Hubert)曾对莫斯说:'这是一部妙不可言的大作! 但只缺一样东西——你的署名。'此说由笔者在这一讲座上听到,无书面出处。"① 我们可以清楚地看到,自从莫斯将曼纳视为比神圣性更加普遍的观念以后,它成为了师徒二人共同的研究主题。在内容上,《巫术的一般理论》和《宗教生活的基本形式》是有所重合的,并且,这种重合集中体现在对曼纳的理解之上。

我们认为《巫术的一般理论》是对曼纳的第一次理解,《宗教生活的基本形式》是对曼纳的第二次理解,《礼物》是对曼纳的第三次理解。不得不强调,对于曼纳的解释完全可以形成一门学问,除了上文提到的各位思想家,还有许多其他学者都对曼纳发表过自己的见解。由于篇幅所限,我们在下文只会详细介绍莫斯与涂尔干对曼纳的理解。

1.2 从宗教研究中得出的人性定义的一致性

阿兰·伽耶认为《礼物》一书中给出了一种"经验的、非

---

① 汲喆:《礼物交换作为宗教生活的基本形式》,载《社会学研究》,2009(3):6 页注 1。

思辨的人性论"。他认为此种人性论是莫斯《礼物》一书最有价值之处。这种经验的、非思辨的人性论在阿兰·伽耶看来指的是四种动机的共存与制衡：为己的利益、为他的利益、义务和自由创造。他认为人始终是这四种动机共同支配的产物，而不是纯粹的经济人、义务人、理性人或情感人。

但是，这种人性论的首次出场并不是在《礼物》一书之中，而是在《献祭的性质与功能》之中，"莫斯在这里清楚地表明礼物给予和向神灵进行契约式献祭的实践之间的接合性"①。我们认为人性理论是多种接合性中的一种。莫斯在《献祭的性质与功能》中谈到，献祭指的是剥夺许多属于个人的东西，但是这种剥夺并不是没有回报的。个人从献祭仪式中收获神的庇佑，感受到可以依赖的群体的力量。因此，献祭活动实际上是"无私与自私相混合"②。这样的论述还有很多，比如："这（献祭）是因为他赠予，部分是为了获取"③；"（献祭仪式具有两个方面，）一方面，个人或团体对私人财产的放弃滋养了社会力量。……此外，人们在相同的行为中发

① Maurice Godelier, *The Enigma of the Gift* (Cambridge: Polity Press 1999), p. 30.

② Henri Hubert and Marcel Mauss, *Sacrifice: Its Nature and Function* (Chicago: The University of Chicago Press, 1964), p. 100.

③ Henri Hubert and Marcel Mauss, *Sacrifice: Its Nature and Function* (Chicago: The University of Chicago Press, 1964), p. 100.

现了他们的好处"①;"在任何献祭中都存在一种放弃的行为,既然献祭者对他自己进行剥夺和送出"②,"但是这种放弃和服从并不是没有利己的一面"③,而且这种放弃是有一定的界限的,"献祭者放弃一些属于自己的东西,但是并不将自己献出"④。看似个体化的巫术仪式也是如此,自私和无私的结合并不是只存在于日常的礼物交换之中。除了莫斯的宗教著作中存在此种人性理论,莫斯的政治思想也不时透露出对此种人性理论的赞同。阿兰·伽耶认为莫斯的人性理论可以概括为"如果人不能被化约为'经济人',不能被化约为维护个人利益的冰冷机器,那么也不应该走到相反的极端,强迫人成为利他主义者,否则就只能以暴力和屠戮大众告终。政治和民主的秘诀就是安排好一个生活空间,在其中人们能够'对立却不必互相残杀,给予却不必牺牲自己'"⑤。此种人性论一直存在于莫斯的各种著作之中。

① Henri Hubert and Marcel Mauss, *Sacrifice: Its Nature and Function* (Chicago: The University of Chicago Press, 1964), p. 102.

② Henri Hubert and Marcel Mauss, *Sacrifice: Its Nature and Function* (Chicago: The University of Chicago Press, 1964), p. 100.

③ Henri Hubert and Marcel Mauss, *Sacrifice: Its Nature and Function* (Chicago: The University of Chicago Press, 1964), p. 100.

④ Henri Hubert and Marcel Mauss, *Sacrifice: Its Nature and Function* (Chicago: The University of Chicago Press, 1964), p. 100.

⑤ 马赛尔·莫斯:《礼物——古式社会中交换的形式与理由》前言(汲喆译,陈瑞桦校),北京.商务印书馆,2016 年版,14 页。

我们认为此种人性理论与涂尔干的"人的二重性"理论是相一致的。通过对自杀的实证研究，在犹太教、基督新教、天主教三种宗教中，涂尔干发现如果考虑它们三者的集体主义倾向，那么，犹太教的集体主义倾向最为强烈；如果考虑它们三者的个体主义倾向，那么，基督新教个体主义倾向最为强烈。天主教总是处在一个中间状态。但是，从自杀率来看，天主教的自杀率最低。所以，涂尔干得出结论，集体主义或个体主义的倾向过于强烈都有可能导致自杀率的上升，"如果一个人为了一点小事就不重视自己的生命，那么他就不是一个体面的人，而且，既然他不重视生命，那么一切都不可避免地成为他摆脱生命的借口。因此，这种自杀和这些社会的道德结构之间有着密切的联系。今天，在自我牺牲和无个性盛行的地方，情况也是如此。……由于某些相反的原因，在个人的尊严是行为的最终目标、人是人类的上帝的社会和环境中，个人很容易倾向于把自己当作上帝，把自己当作崇拜的对象。当道德首先致力于使个人十分看重自己的时候，只要有某些情况综合在一起就足以使个人根本看不到有谁高于他自己。当然，个人主义不一定是利己主义，但是接近利己主义，不可能激发个人主义而不进一步加强利己主义。利己主义自杀便由此而发生"①。

---

① 爱弥尔·涂尔干：《自杀论》(冯韵文译)，北京.商务印书馆，2001年版，34－35页。

他在《人性的二重性及其社会条件》这篇论文中,再次断定人是个体生活与集体生活的统一,是世俗与神圣的统一。人的二重性不可或缺。当下最为重要的是接受人是二重性的存在,从而改造社会机制,为两者的和谐共处建立相关的条件,而不是选择将人的二重性删减为人的一重性。

基于上述思想的一致性,我们认为莫斯的礼物交换模式一定要在神圣性的理论背景之中去研究。这一神圣性理论是由涂尔干和莫斯共同开创的,古德利尔称之为"在本世纪(20世纪)之交由莫斯和涂尔干精心构建的关于神圣性的理论"①。这套神圣性理论主要围绕着一种神圣性存在——曼纳展开。我们认为曼纳的本质、基础和存在方式是神圣性理论的核心内容。

2. 曼纳(mana)的三次出场

2.1《巫术的一般理论》:曼纳(mana)的初步定义

在曼纳的初步探讨中,莫斯给出了曼纳的多重定义。他认为"首先,曼纳是一种品质。某些东西拥有某种不属于它们自身的东西,这种东西叫作曼纳"②。其次,"曼纳

① Maurice Godelier, *The Enigma of the Gift* (Cambridge: Polity Press 1999), p. 20.

② Henri Hubert and Marcel Mauss, *The General Theory of Magic* (Routledge Classics 2001), p. 134.

是一种东西，一种基质，一种本质，是独立的但同时也可以被拥有"①。再次，"曼纳是一种力量，非常特殊的一种精神性存在的力量，也就是说，祖先的灵魂和自然的精神"②。除了这三重定义以外，曼纳还可以是一种确定类型的行为，"曼纳首先是一种确定的行为"③。在《巫术的一般理论》中，莫斯并没有对这些定义进行排序。因此，我们不清楚是否有一种定义是曼纳的真正本质。后来，正是从这些定义之中，涂尔干找出了他认为的曼纳的本质。可以肯定的是，这些定义之间的共性可以概括为：曼纳是受人敬畏的、与日常事物有所不同的存在。

2.2 《宗教生活的基本形式》：曼纳(mana)的最终定义与起源

通过对图腾崇拜的研究，涂尔干进一步探索曼纳的本质和基础。首先，他认为图腾、图腾所代表的动物或植物，以及氏族的成员实际上来自共同的本原，它们都被认为是神圣的。他写道："我们已经知道，在图腾制度中，图腾的形象表现被视为首要的圣物，其次是氏族用来命名的动物或植物，

---

① Henri Hubert and Marcel Mauss, *The General Theory of Magic* (Routledge Classics 2001), p.134.

② Henri Hubert and Marcel Mauss, *The General Theory of Magic* (Routledge Classics 2001), p.135.

③ Henri Hubert and Marcel Mauss, *The General Theory of Magic* (Routledge Classics 2001), p.138.

然后是氏族的成员。既然所有这些事物都是神圣的,只是程度不同而已,那么,它们的宗教性质就不可能来自于那些能够把它们相互加以区分的个别属性。"①涂尔干补充说,而是来自于他们"共同分享的本原"。这一观点并不是涂尔干的假想,而是每一个生活在原始社会中的人都熟知的事实,他们对这个共同的本原进行了命名。

这个本原被命名为曼纳、瓦坎(wakan)、奥伦达(orenda)。涂尔干认为这种共同的本原是一种力,这种力是"一种匿名的和非人格的力","它见诸于所有这些事物,而又不与其中任何一个相混同"②。图腾标记就是这种力的外化形式。

与此同时,涂尔干注意到图腾标记也是社会(氏族)的标记。那么,图腾力是不是就是社会力呢? 通过对图腾力与社会力的比较,涂尔干发现,与社会力相一致,图腾力也包含两种属性。首先,图腾力是凌驾于个体之上的权威,"一般来说,社会只要凭借着它凌驾于人们之上的那种权力,就必然会在人们心中激起神圣的感觉,这是不成问题的;因为社会之于社会成员,就如同神之于它的崇拜者"③。其次,图腾力

①　涂尔干:《宗教生活的基本形式》(渠东、汲喆译),北京.商务印书馆,2015 年版,261 页。

②　涂尔干:《宗教生活的基本形式》(渠东、汲喆译),北京.商务印书馆,2015 年版,262 页。

③　涂尔干:《宗教生活的基本形式》(渠东、汲喆译),北京.商务印书馆,2015 年版,287 页。

是个体依赖的对象,"神不仅仅是我们所依据的权威,它还是我们自身力量所依赖的力"①。于是,涂尔干认定图腾力就是社会力,他写道:"作为一个事实,它们表面上的功能是强化信徒与神之间的归附关系;但既然神不过是对社会的形象表达,那么与此同时,实际上强化的就是作为社会成员的个体对其社会的归附关系。"②

这种力量之所以会以图腾的形式展现出来,是因为图腾是这种力量得以显现的物质媒介,"可是集体表现就完全是另外一回事了。它以心灵的作用与反作用为前提条件,是这些只有通过物质媒介才能实现的作用与反作用的产物"③。"社会的统一性借助物质形式的表达,能使所有人对此都更加清楚。"④在涂尔干看来,这种非人格的力量指的就是一个社会所具有的力量,也就是集体的力量。这种力量来源于社会本身。

至此,涂尔干给出了曼纳的本质和基础。尽管涂尔干也

① 涂尔干:《宗教生活的基本形式》(渠东、汲喆译),北京.商务印书馆,2015年版,290页。

② 涂尔干:《宗教生活的基本形式》(渠东、汲喆译),北京.商务印书馆,2015年版,308页。

③ 涂尔干:《宗教生活的基本形式》(渠东、汲喆译),北京.商务印书馆,2015年版,314页。

④ 涂尔干:《宗教生活的基本形式》(渠东、汲喆译),北京.商务印书馆,2015年版,313页。

谈到过这种曼纳的存在方式,但是,对于涂尔干来说,最为重要的任务是给出神圣性的本质与基础。在神圣性的性质与来源的问题解决以后,神圣性的存在方式的问题就被提上了日程。

2.3 《礼物》:对曼纳(mana)的进一步研究

在《礼物》的导论中,莫斯就给自己提出了如下问题:"在后进社会或古式社会中,是什么样的法律与利益规则,导致接受了馈赠就有义务回报?礼物中究竟有什么力量使得受赠者必须回礼?"[①]这个问题的答案在第一章中就出现了。他认为:"通家以及所有严格意义上的个人财产都有豪,即一种精神力(pouvoir spiruel)。你给了我一份通家,我又把它给了第三者;然后那个人又还我一份通家,这是我给他的礼物中的豪促成的;而我则必须把这份东西给你,因为我所还给你的东西,其实是你的通家造成的。"而且,"'通家'不仅追随着它最初的受赠者,也追随着第二个、第三个乃至经手的每一个人。但归根到底,'豪'却想要回到它的诞生处,回到它的氏族与丛林的圣所,回到它的主人那里。'通家'以及它的'豪'(它本身有时是某种个体),会依次附着在这些使用者身上,直至他们以宴席或馈赠的方式,各自

---

① 马赛尔·莫斯:《礼物——古式社会中交换的形式与理由》前言(汲喆译,陈瑞桦校),北京.商务印书馆,2016年版,6页。

回报以等值或更高价值的'通家'、财产,抑或劳动与贸易,而这种回报又赋予他们一种相对于原来的赠与人的权威和权力,因为后者已经变成了新一轮赠与关系中的受赠人"①。也就是说,回礼的行为之所以产生,是因为礼物之中蕴含着"豪"。

在莫斯和涂尔干那里,"曼纳"和"豪"这些存在具有相同的性质。在《礼物》一书中,我们发现,莫斯不再对"豪"的性质着墨过多,甚至根本没有去阐述它的本质,我们认为这是因为"豪"的性质没有改变。通过描述"豪"存在于被送出的礼物之中,莫斯开始关注"豪"的存在方式问题。

结合莫斯所有的宗教学著作,我们发现莫斯眼中"豪"的存在方式是"混融","总之,归根结底便是混融。人们将灵魂融于事物,亦将事物融于灵魂。人们的生活彼此相融,在此其间本来已经被混同人和物又走出各自的圈子再相互混融:这就是契约与交换"②。这样的表述不止出现一次,"从社会学的角度来看,这里再次出现了由事物、价值、契约以及其中所表现的人共同形成的混融"③。

---

　①　马赛尔·莫斯:《礼物——古式社会中交换的形式与理由》前言(汲喆译、陈瑞桦校),北京.商务印书馆,2016年版,19页。

　②　马赛尔·莫斯:《礼物——古式社会中交换的形式与理由》前言(汲喆译、陈瑞桦校),北京.商务印书馆,2016年版,31页。

　③　马赛尔·莫斯:《礼物——古式社会中交换的形式与理由》(汲喆译,陈瑞桦校),北京.商务印书馆,2016年版,41页。

上文已经谈到,祭祀仪式在莫斯看来也是一种礼物交换的形式。除了上述表达外,莫斯还有如下表述:"上述这两种契约与交换——人与人之间、人与神之间的契约与交换——的关系,揭示了献祭理论的一个侧面。"①并且,献祭仪式中也存在"混融"的概念。于是,我们认为"混融"概念是贯穿莫斯宗教思想的重要概念。在《礼物》之中,"混融"是三重义务的基础,正因为礼物和赠予者是一体的,所以接受者感受到一种他者的压力,接受者认为家中存在着一个不属于自己的东西,急于还礼。"混融"也是"总体社会事实"概念的基础。音乐、舞蹈、审美以及多种社会制度混融之后才被称为"总体社会事实"。在《原始分类》中,现代社会之前,"混融"是一切世界观的基础。在这种世界观中,时间、空间、人的旦夕祸福都紧密地结合在一起。更不用说,献祭仪式和巫术仪式中世俗和神圣力量也是"混融"的。介于礼物交换之间的异质性,我们认为存在两种礼物交换的形式,对应于两种不同形式的"混融"。一种是整体的"混融",一种是部分的"混融"。前者出现在献祭仪式和巫术仪式中,后者出现在这两种仪式之外的礼物交换的行为中。接下来,我们将详细介绍这两种"混融"方式。

---

① 马赛尔·莫斯:《礼物——古式社会中交换的形式与理由》(汲喆译,陈瑞桦校),北京:商务印书馆,2016年版,24页。

3. 混融的两种类型：礼物交换的两种形式

3.1 整体的混融：献祭仪式与巫术仪式

实际上，"混融"这一概念在莫斯的第一本著作《献祭的性质与功能》中就已经出现过，在《巫术的一般理论》中再次出现，在《礼物》中继续存在。在献祭仪式中，献祭者、神和祭品融为一体。献祭仪式"带来的不仅是外在的亲近，而且是两种事物的混合。两种事物相互吸收到不可区分的地步"①。在献祭仪式中，"牺牲是中介。通过这种中介，交流得以达成。正是由于它，在祭祀中集结所有参与者结合在祭品之中，所有的力量都在祭品中相遇并混合"②。在巫术中，巫师、顾客和一种非人格的力量融合在一起。有一个清楚的观念："在患者、代理人、材料、精神和巫术仪式的目标之间存在一种连续性。将一切考虑在内，我们发现了与献祭中一样的观念。巫术涉及一种极大的镜像的融合，没有这种融合，这种仪式本身对我们的思维来说是不可想象的。同样的，在献祭中重要的人、动物牺牲、神和献祭本身融合在一起；巫师、巫术仪式和它的效果产生了一种不可分离的镜像的混合。"③而

① Henri Hubert and Marcel Mauss, *Scrifice: Its Nature and Function* (Chicago: The University of Chicago Press, 1964), pp. 43 – 44.

② Henri Hubert and Marcel Mauss, *Scrifice: Its Nature and Function* (Chicago: The University of Chicago Press, 1964), p. 44.

③ Henri Hubert and Marcel Mauss, *The General Theory of Magic* (London: Routledge Classics 2001), pp. 77 – 78.

且，这种混合可能是观念的目标。① 通过献祭仪式和巫术仪式，世俗的人得以获得一定的神圣性。所以，"混融"指的是人与神圣性融合在一起。在献祭和巫术中，混融之后的所有东西都是有神圣性的。而且，献祭和巫术都是仪式，可见，融合得以形成，仪式是不可或缺的必要条件。

献祭者与牺牲在某一个短暂的时刻非常紧密地结合在一起。这种结合是一种整体性的融合。要进入这种融合，需要做好充足的准备。因此，我们在献祭仪式和巫术仪式中看到了大量的"消极崇拜"和"积极崇拜"，这些都是进行融合所做的准备工作。当然，这种整体的融合带有危险性，因为人毕竟不完全是一种神圣的存在。整体的融合只能融合很短的时间。至于其他的礼物交换，它们的融合方式有所不同。

3.2 部分的混融：献祭与巫术之外的礼物交换仪式

既然混融指的是与神圣性融合在一起，那么，献祭仪式、巫术仪式之外的礼物交换中，混融到底是怎样的呢？我们发现，一方面，这些礼物的给予、接受和还礼也不是随意的，带有一定的仪式性："在螺号声中，他恭谨地献出他的赠礼，并为只能奉上自己所余的东西而表示歉意，然后把要送的东西扔在对手——亦是搭档——的脚边。这时，螺号和司仪均以

---

① Henri Hubert and Marcel Mauss, *The General Theory of Magic* (London: Routledge Classics 2001), p.78.

其各自的方式宣示这一转让的庄严。"①另一方面,可以看出来,这些礼物交换的仪式并不复杂。在礼物送出以后,馈赠者与礼物之间始终存有一定的联系。所以,混融的时间不是短暂,而是长久的。

到底是人的什么被赋予了神圣性,与神圣性的力量融合在一起?我们认为馈赠礼物这一行为中只有两个组成要素:"馈赠"和"礼物"。礼物是神圣的,这些物品不是凡俗的物品,这种交换也不是"金瓦利",这一点毋庸置疑。那么,在人这一方,最重要的就是"馈赠"的动作。既然两者相混融,那么,我们认为这个"馈赠"本身也具有了神圣性。

在《礼物》中,莫斯认为馈赠、接受和回礼都是一种义务。任何一种义务的缺失,都会导致礼物交换的失败。正如莫斯所言:"事实上,这种婚姻中的馈赠是双向的,女方家庭也要赠礼;如果女方的亲属不能报以足够的回赠,则新娘将被退回。"②三种义务之中,任何一种没有得到很好的履行,这种礼物交换就将被停止,正所谓"送取相宜,一切如意"③,很有

　　①　马赛尔·莫斯:《礼物——古式社会中交换的形式与理由》(汲喆译,陈瑞桦校),北京.商务印书馆,2016年版,35页。
　　②　马赛尔·莫斯:《礼物——古式社会中交换的形式与理由》(汲喆译,陈瑞桦校),北京.商务印书馆,2016年版,50页。
　　③　马赛尔·莫斯:《礼物——古式社会中交换的形式与理由》前言(汲喆译,陈瑞桦校),北京.商务印书馆,2016年版,120页。

我们中国人所谓的"礼尚往来"的意味。

在莫斯眼中,哪一种义务最重要呢? 有学者认为莫斯对回礼特别看重。但是,我们认为"馈赠"最重要,"给予的义务是夸富宴的本质"[1]。因为除了"馈赠"以外,不履行其他两种义务的行为都是存在的。例如存在不接受的行为:"的确,至少在夸扣特尔人中,如果某人在先前的夸富宴中常胜不败,便会被承认具有特殊的等级地位,那么即使他拒绝接受邀请,或者出席夸富宴的时候拒绝接受礼物,也不会导致争斗。然而,拒绝者却必须要举行一次夸富宴;特别是,在'油脂宴'上,不但要回报更多,而且还要谨守拒绝的仪式。"[2]也存在不回礼的行为:"在某些场合,比如说在准备丧葬宴庆'大 s'oi'的时候,甚至允许只接受而不回礼。"[3]在一些特殊的情况下,"在某些情况下,甚至连送与还都没用了,而是要毁坏,这是为了显示自己根本没有想让你还礼的意思"[4]。"通过这种方式,不仅自己的等级会晋升,连他的家庭也会因

① 马赛尔·莫斯:《礼物——古式社会中交换的形式与理由》(汲喆译,陈瑞桦校),北京.商务印书馆,2016 年版, 62 页。

② 马赛尔·莫斯:《礼物——古式社会中交换的形式与理由》(汲喆译,陈瑞桦校),北京.商务印书馆,2016 年版, 67 页。

③ 马赛尔·莫斯:《礼物——古式社会中交换的形式与理由》(汲喆译,陈瑞桦校),北京.商务印书馆,2016 年版, 37 页。

④ 马赛尔·莫斯:《礼物——古式社会中交换的形式与理由》(汲喆译,陈瑞桦校),北京.商务印书馆,2016 年版, 58 页。

此提高社会地位。所以，这是一种不断地耗费和转移大量财富的法律和经济制度。"①但是不存在不"馈赠（送出）"的行为，"这就是要走出自我，要给予——无论是自发的还是被迫的；这种原则是不会错的"②。在古德利尔看来，这里的回礼不是我们现代意义上的回礼，它其实是新一次的馈赠，"实际上，被馈赠之物的立即回赠也许是礼物内在逻辑的最清晰的说明。这种内在逻辑指的是创造的债务不会被回礼所取消。因为回到最初拥有者的物品并不是'被还回来了'，而是再一次被馈赠了"③。

　　这种"馈赠"的动作可以理解为分享，不仅仅分享属于分享者的物质产品，更为关键的是分享他自身。这种分享所达成的联结是异常牢固的。就好比母亲养育孩子，她给予孩子的不仅仅是时间、经历、思想，而是整个生命的一部分。莫斯将其表述为赠予者的本质："而在交付牛群之际，他还要重复其中的说辞。在那转交的庄严时刻，给予者在对牛称赞一番后，对牛说道：你们为何物，我即为何物，今日我已成为你们的本质，送出你们，亦即送

---

　　① 马赛尔·莫斯：《礼物——古式社会中交换的形式与理由》（汲喆译，陈瑞桦校），北京.商务印书馆，2016 年版，59 页。

　　② 马赛尔·莫斯：《礼物——古式社会中交换的形式与理由》（汲喆译，陈瑞桦校），北京.商务印书馆，2016 年版，119 页。

　　③ Maurice Godelier, *The Enigma of the Gift* (Cambridge: Polity Press 1999), p.44.

出我自己。"①莫斯有时也用人格和品性来表述事物的本质，"毫无疑问，事物本身原本也具有人格和品性"②。但是这些术语的含义都是一样的。它要表达的是"馈赠"是人性的一部分。

当然，人们的"馈赠"，是建立在神圣性力量存在的前提之下的。这种神圣性力量，带有很强的道德性质。按照涂尔干的论述，它是一种道德力。不管我们是否将其等同于道德力，有一点是明确的，即这种力量包含道德属性。它赋予人占有，更需要人分享。

我们看到，正是在神圣性力量的控制之下，礼物交换的三维义务结构得以维系。我们认为三维义务系统可以作如下理解：

给出的是什么？给予的行为和物。

接受的是什么？接受的行为与物。

回礼的是什么？给予的行为与物。

涂尔干告诉我们神圣性是存在的，但是他强调巫术与宗教的区分，他认为神圣只能是集体的活动产物。实际上，最先提出此种观点的并不是涂尔干，而是莫斯。莫斯在《献

① 马赛尔·莫斯：《礼物——古式社会中交换的形式与理由》（汲喆译，陈瑞桦校），北京.商务印书馆，2016年版，109页。

② 马赛尔·莫斯：《礼物——古式社会中交换的形式与理由》（汲喆译，陈瑞桦校），北京.商务印书馆，2016年版，87页。

祭的性质与功能》中认为神圣性是建立在集体活动的基础之上的，但是，在《巫术的一般理论》中，他认为神圣性不一定要依赖于集体活动，个体活动依然可能展现出神圣性的力量。最后，他将神圣性的存在方式都纳入礼物交换的机制之中。

4. 礼物的定义

根据莫斯的观点，我们打算对礼物下个定义，以便于展开进一步的研究。我们认为即使是日常的礼物交换也不仅涉及双方，而且涉及高于双方的神圣性存在。真正的礼物交换不仅是获得神圣性存在认同的交换，更是巩固和支持神圣性存在的交换。在巩固和支持神圣性存在的交换中所涉及的物品就是礼物。为了更好地说明礼物，我们要详细阐述礼物交换。因为礼物本身是多样的，它完全依赖于交换的性质，例如，即使在我们看来非常世俗的金钱，如果以特定的形式进行交换，它也可以变成礼物。在阐述礼物交换的过程中，我们需要特别区分两对概念：礼物交换与商品交换，表达性礼物和工具性礼物。

尽管莫斯很少谈到卢梭，但是其导师涂尔干对卢梭推崇备至。涂尔干认为法国社会学与德国社会学、英国社会学有所不同，法国社会学有着自己的发展路径，涂尔干将卢梭和孟德斯鸠视为法国社会学的先驱。因此，我们认为这段关于霍布斯和卢梭区别的论述，对我们理解莫斯的礼物模式是有所裨益的："霍布斯的交换理论开始于这样的假设：个人之间形成联系是为了最大的回报和最小的付出。一个卢梭主义者的立场必须开始于这样的假设：个人之间产生联系是为了共同的目标。这样，关系的持续和品质并不是一种成本收益比函数，而是伙伴之间为了他们的共同善而进行的一切工作。"①可见，莫斯的礼物交换理论也建立在卢梭"为共善而行动"的基础之上。

4.1 礼物交换与商品交换

很多时候，商品交换的逻辑会戴上礼物交换的面纱。例如，罗苏就记录过这样一起事件："我们到上海的第二天，正逢中秋节。一早旅馆的'茶房'送来了一堆礼物：一只金华火腿，两盒中秋月饼，一篓水果等四色礼品。我们感到突然，有点不知所措，更不知应如何应付。我们毫无世俗知识的人十分奇怪：难道上海人如此客气，对外来旅客送来如此厚礼！幸好茶房把礼物放下之后就退了出去。正在为难的时候，我的叔父来了。……我便向他请教。他笑笑说，这是上海人'打秋风'，向你讨赏钱的，付了赏钱，就会把这份'厚礼'原封拿走的。果然如此，我付了两块银元，那一堆'厚礼'就全部收回了。这是我这个'乡巴佬'到上海遇到的

① Nathan Miczo, "Hobbes, Rousseau, and the 'Gift' in Interpersonal Relationships," *Human Studies*, Vol. 25, No. 2 (2002), p. 207.

第一件奇事。"①因此,我们认为有必要对礼物交换和商品交换作一个区分。

实际上,在任何人的心中,对礼物与商品的区别或多或少都有一定的认识。我们认为两者的区别主要分成几点。第一点,两种交换的道德含义有所不同。对于礼物交换来说,交换双方对彼此的责任不仅仅是商业道德层面上的。商品交换所具有的道德属性是非常有限的。礼物交换有可能直接影响一个人的政治地位。尽管暗地里有可能发生经济力量拥有者影响政治运作的情况,但是这种行为的公开化则是受人诟病的。总而言之,礼物交换所担负的道德责任要比商品交换多得多。这些责任的附加,最终是为了能够维持一种长期的关系,而商品交换的双方只具有短期的关系。即使商品交换中存在长期借贷的关系,但是这种关系也以一种还款之后立马终止的形态存在。"正如格雷戈里如此清晰地表明,礼物交换的逻辑完全可以和商业交换的逻辑区分开来。……(商业交换中)交易结束以后,交易双方拥有他们所买的或者所交易的东西。在交易以前,每一个交换者依赖于其他人满足他的需要,交易后,每一个交换方再一次独立于其他人,并且对其他人不负有义务。当然,买方可能不用付

① 罗苏:《走向文学之路》,中华文史资料文库第 15 卷"文化教育编",北京.中国文史出版社,1996 年版,130 - 131 页。

钱或者可以贷款,但是只要他付完他的欠款(有利息的或者没有利息的),他就是自由的。"①与此种道德属性的差别相一致,两种交换方式与情感的关系也不同。正如有学者所指出的:"虽然在许多案例中,馈赠礼物客观地符合了互惠的模式,但是主观上,它被认为是一种基本上非经济的、自发的、利他性的、旨在交流感情的活动。"②

任何一种交换都不是双方的,而是三方的。古德利尔认为始终存在一个公共的准则,"事实上,这两种相应的不平等,重新确立了他们在一个社会中地位的平等性(这一情况假设了一个社会中存在一种为社会所有成员标记社会地位的公共准则)。这意味着即使(礼物或者商品)交换涉及的只是两个个体或者两个组织,第三方的存在总是被暗含着的……交换总是一个三方结构"③。

基于上述思想,我们认为,礼物交换与商品交换的第二个不同点在于它们两者与第三方的关系有所不同。

根据涂尔干的研究,商品交换的繁荣在于社会分工的长

① Maurice Godelier, *The Enigma of the Gift* (Cambridge: Polity Press 1999), p. 43.

② Aafke Komter and Wilma Vollebergh, "Gift Giving and the Emotional Significance of Family and Friends," *Journal of Marriage and Family*, Vol. 59, No. 3 (Aug., 1997), p. 750.

③ Maurice Godelier, *The Enigma of the Gift* (Cambridge: Polity Press 1999), p. 42.

足发展,社会分工的发展在于社会本身的转变,因此,社会本身是商业活动得以进行的前提。社会维系自身靠的是道德,因为道德是凝结社会的纽带。所以,追根究底,道德准则是商业生活的基础,商业生活必须受到道德准则的约束。但是,正如社会分工具有变态的形式,商品交换也会导致社会的分裂。古德利尔认为:"没有金钱,没有收入,也就没有社会存在,事实上(物质或者身体)完全不存在。因此,问题是人们的社会存在依赖于经济。当他们丧失了他们的工作或者他们无法找到一个工作时,他们丧失的不仅仅是职业。资本主义社会的矛盾在于经济是主要的排除来源,而且,这种排除不仅仅将人排除到经济之外,还要将人排除到社会本身之外。"①商品交换与第三方的关系是:商品交换在公共准则的基础之上才能进行,它不仅不是公共准则存在的基础,而且有可能破坏公共准则。

与商品交换不同,礼物交换不仅符合公共准则,而且是公共准则得以存在的前提。换言之,是礼物交换支撑着公共准则在生活中的真实存在。

我们认为,商品交换导致的是社会的分裂,而礼物交换旨在社会的团结。很多人可能会认为夸富宴反映的也是人

---

① Maurice Godelier, *The Enigma of the Gift* (Cambridge: Polity Press 1999), p. 2.

与人之间的对抗。上文已经谈到,夸富宴实际上是正常礼物交换的变态形式,是受到殖民贸易影响的结果,殖民贸易遵循的正是商品交换的逻辑。正如任柯安(Andrew B. Kipnis)所言:"对莫斯来说,礼物交换不仅仅使得经济财富重新分配,而且能够推动整体社会关系的重建。在冯家村也是一样,礼物的语言假设了,赠送礼物的本质存在于礼物交换对赠送者与接收者关系的影响上,而不是存在于从交换中获得的利润上。"[1]

4.2 表达性礼物与工具性礼物("送礼"与"贿赂")

中国的礼物研究中表达性礼物和工具性礼物的区分是从阎云翔开始的,但是,表达性礼物和工具性礼物的概念不是由他提出来的。这对概念的意义也因为不同人的使用发生了一些变化。阎云翔提到最先使用这对概念的是贝夫(Befu)。贝夫认为表达性礼物和工具性礼物的差别在于交换行为与交换双方地位关系之间的不同。前者是交换双方"既有的地位关系决定了礼物交换的情状(要送礼物的种类与价值),而馈赠支持了该地位关系"[2];后者是"交换状况

① Andrew B. Kipnis, "The Language of Gifts: Managing Guanxi in a North China Village," *Modern China*, Vol. 22, No. 3 (Jul., 1996), p. 288.

② 阎云翔:《礼物的流动:一个中国村庄中的互惠原则与社会网络》(李放春、刘瑜译),上海.上海人民出版社,2000 年版,44 页。

（礼物的特点与价值）决定了地位关系；即，一个人通过送礼而操纵了地位关系"①。阎云翔认为表达性礼物与工具性礼物之间还存在一些其他的区别，比如"表达性的礼物馈赠以交换本身为目的并经常是反映了馈赠者和收受者间的长期关系；与此相对，工具性礼物仅是达到某种功利目的之手段并一般意味着短期的关系"②。

　　除此之外，结合杨美惠的田野调查，我们发现"靠关系"存在一种私人规则与公共规则进行对抗的行为。贿赂的礼物性馈赠并不是一种公开的礼物馈赠，其遵循的也不是公共的规则，而是潜规则。对于健康的团体来说，这种潜规则不仅不是支撑团体存在的规则，而且是瓦解团体存在的规则。随着时代的演变，原先的潜规则有可能变成公共的规则，只要它变成了公共的规则，它就不再是潜规则。所以，在中国农村的环境中，阎云翔谈到表达性礼物指的是合礼的礼物，礼物"承载着文化的规则（礼节）并牵涉仪式"。阎云翔也谈到"下岬的村民们完全意识到这个词的复杂内涵"③。众所周知，贿赂是一种工具性的礼物馈赠。在中国，这种工具性

---

　　①　阎云翔：《礼物的流动：一个中国村庄中的互惠原则与社会网络》（李放春、刘瑜译），上海.上海人民出版社，2000 年版，44 页。

　　②　阎云翔：《礼物的流动：一个中国村庄中的互惠原则与社会网络》（李放春、刘瑜译），上海.上海人民出版社，2000 年版，44 页。

　　③　阎云翔：《礼物的流动：一个中国村庄中的互惠原则与社会网络》（李放春、刘瑜译），上海.上海人民出版社，2000 年版，43 页。

的礼物馈赠经常被描述为"走后门""靠关系"。因为中国宗教活动经常被认为是一种贿赂神灵的活动,在此我们作出表达性礼物与工具性礼物的区别,以便于在田野调查之后指出将中国宗教活动视为贿赂性活动的错误。这种做法完全忽视了杨美惠对中国的礼物交换作出的详细区分:"礼仪和行为的分寸感产生第三种曲折,其中贿赂和义气不太要求明确的礼仪,按由弱到强的顺序,接下来依次是感情、关系和人情。人情对礼仪的要求最强。社会关系的第四种曲折是得与失的估计,义气和感情对得与失的估计最少,由少到多依次是人情、关系,最后是金钱和贿赂,它们有最实用的考虑。"①如若中国宗教活动中的人神交换是一种贿赂的交换方式,那么,它必须不讲感情,不需要礼仪,特别注重实用性,最关键的是它只会作为潜规则而存在。下文将会谈到,这不是中国民间宗教活动的主要面貌。

5. 莫斯礼物模式的特征

基于上述一系列的探讨,我们认为莫斯的礼物模式是共同信奉神圣性力量的前提下形成的礼物交换关系。他的礼物模式具有以下几个特征:第一,尽管"馈赠"的动作也具有神圣性,但是大多数礼物本身就是一种神圣性的实物。第

---

① 杨美惠:《礼物、关系学与国家——中国人际关系与主体性建构》(赵旭东、孙珉合译,张跃宏译校),南京. 江苏人民出版社,2009 年版,112 页。

二,礼物交换具有两个方向,人神交换和人人交换,两者分别对应复杂的仪式与简单的仪式。在礼物交换过程中,仪式与礼物之间的关系有所不同。当礼物本身具有神圣性时,仪式趋于简单化;当礼物本身并不具有神圣性时,仪式趋于复杂化。第三,礼物交换中的人始终是属于共同体的人,而不是个体。"首先,不是个体而是集体之间互设义务、互相交换和互订契约;呈现在契约中的人是道德的人,即氏族、部落或家庭,它们之所以会成为相对的双方,或者是由于它们是同一块地面上的群体,或者是经由各自的首领作为中介,抑或是二者兼而有之。其次,它们所交换的,并不仅限于物资和财富、动产和不动产等等在经济上有用的东西。它们首先要交流的是礼节、宴会、仪式、军事、妇女、儿童、舞蹈、节日和集市,其中市场只是种种交换的时机之一。"①即使以个人面目出现的礼物交换,个人所代表的也不是一个人,而是他所隶属的那个共同体:"可以看出,其首领并不自觉其个体性,就此而言,氏族、胞族以及联姻家庭之间的对峙似乎统统都是群体的事情。"②在《礼物》一书中还存在以下的同类表述:"首领把自己和氏族混为一谈,而族人也认为氏族与首领是

① 马赛尔・莫斯:《礼物——古式社会中交换的形式与理由》(汲喆译,陈瑞桦校),北京:商务印书馆,2016年版,9页。

② 马赛尔・莫斯:《礼物——古式社会中交换的形式与理由》(汲喆译,陈瑞桦校),北京:商务印书馆,2016年版,47页。

浑然一体的;所有的个体也都只知道以同一种方式行动。"①在远航中的交换所得礼物,首领也不能独自占有,而应在远航归来以后,将它们分给参与了远航的人,"作为回报,一旦远航归来,大部分换得的外罩便会被郑重地转给各村落、氏族的首领,甚至发给有关氏族中的普通成员;总而言之,会转发给所有直接或间接地(绝大多数是间接地)参与了远航的人"②。

———————

① 马赛尔·莫斯:《礼物——古式社会中交换的形式与理由》(汲喆译,陈瑞桦校),北京.商务印书馆,2016 年版,50 页。

② 马赛尔·莫斯:《礼物——古式社会中交换的形式与理由》(汲喆译,陈瑞桦校),北京.商务印书馆,2016 年版,46 页。

三 当下江南民间信仰活动的三个案例

（一）以"仪式"为切入口的
研究取向的说明

许多学者都认为中国民间宗教是一种"做"的宗教，例如李天纲、魏乐博等。李天纲教授认为中国宗教与西方亚伯拉罕教有所不同，两者的区别在于亚伯拉罕教注重教义、教会，而中国的宗教注重祭祀、仪式。而且，李天纲教授认为这种观点实际上是诸多思想家共同的观点。在本书的最后，我们将会看到这也是马克斯·韦伯的观点，只不过他论述得更加细致。

魏乐博认为针对中国民间宗教行为的理论解释有很多，并不能判定哪一种解释是绝对正确的，因为很多人的宗教行为是一种习惯，是延续父辈的做法。但是可以肯定的是，行为直到今天依然保持生命力，"当我到了田野地四处询问当地人所得到的结果，却是一些人并不知道他们正在参加的仪式是什么意思。而有的人会说，我祖祖辈辈就这么做的，所以就这么做。有时候，人们也给我一些解释，但常常是每个人给出的解释都不一样"[1]。

同时，魏乐博还认为犹太教的家礼和朱子的《家礼》具有很多的共通之处。这样的对比研究可以发现仪式的普遍性，也可以探索人类行动的意义。"这位教授是犹太人，他谈到他的祖母正好有一本仪式书，是关于人过世以及结婚等特别时期在家里应该做什么仪式的。而我知道朱熹也写了一本类似的书，也是关于怎么在家里做仪式的，即《家礼》。于是我们就决定把这两本书放到一起来讨论，结果发现很多内容非常相似。犹太教以及中国的礼教，都非常看重仪式，即你要'做'什么。'做'是最要紧的事。朱熹这样的大哲学家也重视这个问题。从那时开始，我们就决定开始合作一个关于这方面的仪式研究的工作。过去有一些宗教研究或仪式研究，常常把仪式看成只是一个盛放信仰或意义的容器（instrument），忽略了宗教仪式'做'的方面的本身的意义和重要作用。"[2]这种情况在礼物研究中也同样存在，"结果，很少有这方面的努

　　①　魏乐博，龙飞俊：《在仪式中分享社会生活——专访美国波士顿大学人类学系主任魏乐博教授》，载于《社会科学报》，第1400期，2014年，第5版。
　　②　魏乐博，龙飞俊：《在仪式中分享社会生活——专访美国波士顿大学人类学系主任魏乐博教授》，载于《社会科学报》，第1400期，2014年，第5版。

力,指向礼物馈赠的规程或者指向探讨构成礼物实际交换基础的行为(包括它的结构和动机的组成部分)"①。

所以本书的田野调查以宗教仪式本身为主,同时会对涉及的文本进行简单的分析。对于民间宗教实践者来说,对待文本不可能完全按照学者的标准,但他们会在实践中透露出属于他们自身的理解。

(二)案例选择的理由

本书的研究对象是江南地区的民间信仰活动。尽管当下的民间信仰与制度性宗教(道教和佛教)处在一种相互交织的状态,但或是因为举行仪式的地点不在寺庙,或是因为参与的主要人员不是僧侣,我们仍然可以将其与制度性宗教区分开来。当然,在这些民间信仰活动中,我们可以发现存在偏向某一种制度性宗教的情况。我们认为江南地区的儒教、道教和佛教都应该得到关注,而不能偏废其一。此外,在仪式选择方面,所选择的仪式必须是这三教中的民众参与度较高的宗教仪式。最后,我不得不考量田野调查所需要的时长和可操作性。结合这三方面的因素,我将上海(我的求学

---

① John F. Sherry, Jr., "Gift Giving in Anthropological Perspective," *Journal of Consumer Research*, Vol. 10, No. 2 (Sep., 1983), p. 157.

地)和浙江金华(我的家乡)作为我做田野调查的主要地点。在这两个城市中,我选择了三个仪式:上海民间佛教放生仪式、上海道教太岁仪式和金华农村儒教年终祭祀。在下面的介绍中可以发现,三个仪式都是民众熟悉度和参与度较高的仪式,金华农村儒教年终祭祀和上海道观的太岁仪式几乎是当地一些家庭每年都会举行的仪式,从事上海民间佛教放生仪式的团体也存在了数年。这些仪式的具体情况,下文还会详细地予以记述。

(三)上海民间佛教放生仪式

上海民间佛教放生仪式是本书田野调查的第一个案例,其性质需要得到特别的说明。我们认为存在两类放生,一类是个人放生,一类是团体放生。团体放生又分为两种,一种是制度性佛教团体的放生仪式,一种是民间佛教团体的放生仪式。这里所探讨的佛教放生仪式指的是后者。这些仪式由一些民间非营利组织举行。因此,这些放生仪式的主体不是出家的和尚,而是皈依的居士或者还未皈依的信徒,后者在数量上占有绝对的优势。出家的僧人有时会被请来主持放生的仪式,但他们并不属于这些放生组织,只是相当于顾问般的存在。当然,有些放生组织是由僧侣创办和领导的,比如索达吉堪布创立的全国性放生组织"某提放生团体"①。然而，该组织的活动地点依然主要是寺院外，而不是寺院内，活动的主要参与者也不是僧侣。

由于媒体的报道，一谈到放生仪式，往往会联想到这样一些说法：放生团体的组织者与水产经营者相勾结，因此，放生活动实际上是一种变相的圈钱活动；放生活动对生态环境造成了诸多负面的影响等等。但是，这些都不是本书探讨的重点。过多地关注放生仪式中的生态问题和经济问题已经模糊了公众的视线，让很多人忘记了这一活动首先是一个宗教活动，其次才是这一活动可能产生的经济问题，以及它对生态环境造成的影响。

套用宗教市场论的话语体系，我们可以将放生团体的成员所要购买的产品——也是他们放生的目的——称为"功德"。在描述"功德"回向之前，我们将简要介绍佛教放生的历史由来和理论根据。随后，基于上海佛教放生团体的田野调查，概述上海佛教放生团体的现状和影响上海的主要佛教流派，着重介绍当下上海民间佛教放生的理论根据和一个放生团体（"上海某生学佛放生"）一次放生的具体流程。最后，详细描述"功德"回向的方式、内容，以及信众对于功德的理解。

1. 佛教放生的历史由来

众所周知，中国的众多古籍中都有爱护生物、保护生态

---

① 本书所涉及的放生团体均采用化名。

的记载，但是，很多行为并不能称之为放生的行为。根据邵颂雄和利亚·斯多克（Henry Shiu and Leah Stokes）在《佛教放生实践：历史、环境、公共健康和经济关怀》中阐述的观点，放生的行为和护生的行为需要区分开来。放生的行为指的是释放被捕不久将被杀害的动物的行为，而不是泛指任何保护动物的行为。这一点确实是现代佛教放生最为明显的特征。但是，下文将会提到信徒对于放生的理解有广义与狭义的区别。上述两位学者认为来自印度的佛教文献有大量关于护生的记载，但是没有关于放生的记载。因此，他们认为尽管中国的经典《万善同归集》和《法苑珠林》将《金光明经》《梵网经》和《仁王护国般若波罗蜜多经》视为放生实践的理论根据，但是，在这些经典中，并没有直接指向放生仪式的论述，"……这一文本自身并没有直接涉及对放生的鼓励"①，"……显然，这些段落强调了从池塘中解救鱼生命的慈悲行动，但是并不是将被捕的鱼放归到自然环境之中"②。他们认为首次对放生行为做出明确描述的文献是《列子》。《列子》是一部道家的文献。《列子·说符》："邯郸之民，以正

---

① Henry Shiu, Leah Stokes, "Buddhist Animal Release Practices: Historic, Environmental, Public Health and Economic Concerns," *Contemporary Buddhism*, 9(2) 2008, p.182.

② Henry Shiu, Leah Stokes, "Buddhist Animal Release Practices: Historic, Environmental, Public Health and Economic Concerns," *Contemporary Buddhism*, 9(2) 2008, p.183.

月之旦献鸠于简子,简子大悦,厚赏之。客问其故,简子曰:'正旦放生,示有恩也。'"①杨德睿先生也持有这一观点。除此之外,他们还认为上述提到的佛教文献——汉译本的《金光明经》和《梵网经》——直到四世纪才出现,时间要晚于三世纪出现的《列子》。基于上述两点理由,他们认定放生是一种产生于中国本土的宗教行为,并且很有可能从中国蔓延到中国周边的许多国家。正如韦伯所言,中国很像法国,在宗教传播中起到了中转站的作用。很多宗教思想在中国发生一定的变化,然后再由中国传播到韩国、日本、东南亚。

既然放生是指释放即将被杀害的动物,那么,《列子》中出现的释放被抓的动物仍然不是最符合这个定义的行为。杨德睿认为中国历史上有三件大事对当今的佛教放生仪式的基本架构具有重大的影响。第一件事,"隋文帝于开皇三年(583)立敕,规定'长月断杀'之制……此一做法后来在全国很多地方相沿成俗,直至今日,在台湾地区、香港和南洋的华人社会里依然普遍有在佛菩萨诞辰日市场全面禁屠的风俗"②。第二件事,"隋代的天台宗智者大师发明的'放生池'"③,至今

① Der-Ruey Yang, "Animal Release: The Dharma Being Staged between Marketplace and Park Cultural," *Diversity in China*, 1(2) 2015, p.156.

② Der-Ruey Yang, "Animal Release: The Dharma Being Staged between Marketplace and Park Cultural," *Diversity in China*, 1(2) 2015, p.156.

③ Der-Ruey Yang, "Animal Release: The Dharma Being Staged between Marketplace and Park Cultural," *Diversity in China*, 1(2) 2015, p.157.

天台宗的祖庭天台山仍有放生池存留。此事也为邵颂雄和利亚·斯多克着重强调。第三件事,智者大师创立放生池之后,"唐肃宗更于乾元二年(759)诏令天下立放生池81所,使这种设施普及全国"①。因此,杨德睿认为"隋唐时代明确了一面把市场当作戒杀、救生的前线战场,一面建立起名为放生池之类的生态公园作为实现放生的终点,这两个点确立后,放生行动的简易操作框架也就确立了"②。所以,杨德睿认为放生的结构可以概括为市场与公园,并且认为这一结构现今仍然适用于诸多放生活动。当然,杨德睿也指出这一结构并不适用于所有的佛教放生活动。

除了传统的放生仪式,特别是改革开放以后,杨德睿认为中国放生仪式还可以分成其他两个阶段:随缘放生和放生热。前者出现在20世纪90年代,主要由台湾地区的僧人带来;后者则是当下中国城市佛教团体掀起的一场运动。他认为传统放生仪式、随缘放生和放生热三者之间有所区别,这种区别主要体现在对放生活动功用的理解、参加放生活动的人数和放生活动的地点等方面。"换言之,随缘放生在这方面和寺院佛教是一致的,即放生只是依附于其他更为重要的

---

① Der-Ruey Yang, "Animal Release: The Dharma Being Staged between Marketplace and Park Cultural," *Diversity in China*, 1(2) 2015, p. 157.

② Der-Ruey Yang, "Animal Release: The Dharma Being Staged between Marketplace and Park Cultural,"*Diversity in China*, 1(2) 2015, p. 157.

佛门修行之法的辅助性工具。与之相反,'放生热'的关注点完全集中在放生本身。尽管对它在信仰和俗世层面的功效和地位抱有极大的分歧,放生仪式的拥趸已将其视为一门独立的修行法门,可与其他正统的修行法门并肩而立"①,"其次,新式放生仪式是一项众人参与的集体活动,而随缘放生则多属私人行为"②。

以上就是从古到今放生仪式的简要历史,在历史上,放生仪式经历了从寺庙外的森林到寺庙内的放生池,再到寺庙外公园的转变。这一进一出代表着放生仪式自古以来就具有广泛的群众基础,并不仅仅是一项归属于制度性宗教的宗教仪式。与此同时,在当下的中国,我们也看到几乎每个寺庙每年都举行多场放生仪式。寺庙外民间佛教的放生热恐怕早已对制度内的佛教产生影响,促使制度内佛教对这种放生热作出回应:接受或者拒绝。照目前来看,接受大于拒绝。有些制度内的僧侣在寺庙外组织起专门进行放生的民间团体。同时,杨德睿的研究表明,我们需要牢记的是当下的放生活动属于放生热的阶段。

当然,伴随着科学发展,放生地点已经跳脱出市场—公

---

① Der-Ruey Yang, "Animal Release: The Dharma Being Staged between Marketplace and Park Cultural," *Diversity in China*, 1(2) 2015, p.160.

② Der-Ruey Yang, "Animal Release: The Dharma Being Staged between Marketplace and Park Cultural," *Diversity in China*, 1(2) 2015, p.160.

园这种单一模式,呈现为多种模式并存,例如经销商—放生团体对接。很多团体选择不去市场购买,而是让商贩将放生物命运送到放生地点,"上海某音放生"和"上海某生学佛放生"都采用这样的方式。之所以要这样做,很有可能是为了免受外界佛教放生等于杀生的批评,因为此种方式更好地保证了放生物命的成活率。当下的放生热加入了众多科学方面的考量,远洋、江河、湖泊等场所取代公园成为放生的主要场所,只有在没有选择的情况下,公园才会成为放生的地点。一方面是因为公园是一个封闭的环境,影响放生物命成活率;另一方面是因为很多公园是一个供市民活动的公共场所,并不适合放生团体举行放生仪式。至于当下放生活动在佛教修行上的作用,确实如杨德睿所言,相比起历史上的放生功用观,被大大地提升了。这一点在接下来的理论依据中可以看得更加明白。

2. 当下佛教放生仪式的理论依据和实践理由

实际上,当下放生团体的放生理论依据多种多样,既包含佛典,也包括高僧大德言论。各个团体的依据中有重合的经典,也有不重合的经典。这些放生依据往往只是从经典文本中摘录出来的一句话或者几句话,而不是整本佛典。在放生活动前,放生团体一般会在放生群发布放生活动的依据,其中,《大智度论》中的一句话被广泛引用。这句话往往表述如下:"诸余罪中,杀业最重;诸功德中,放生第一。"

几乎所有放生团体都提到《大智度论》的这句话。但实际上，《大智度论》的原文并不是"放生第一"，而是"不杀第一"。可见，放生行为对于"放生热"这一阶段中的信徒来说是多么重要。

由索达吉堪布一手创建的"某提放生"团体在全国各地都有分部，对于放生一事尤为重视，主要体现在放生时间的安排上。"某提放生"现下在上海推行的是每日放生。不能被放生的鱼也会有专门的小组成员去撒甘露，以便这些鱼也能得到"法雨"。索达吉堪布的言论是放生的主要根据，"某提放生"每天都会发布一段上师言论。索达吉堪布还为放生专门写有一篇文章。在这篇文章之中，索达吉堪布提到了十三世达赖喇嘛的一个梦。在这个梦中，十三世达赖喇嘛法王如意宝的上师托嘎如意宝要他做一次放生。此外，索达吉堪布还提到了《金光明经》往昔佛为流水长者子借象救鱼、《杂宝藏经》沙弥救蝼蚁等佛经中的故事。其他一些佛典中与放生相关的言论也被用来作为放生的依据，例如《药师经》"放生修福，令度苦厄，不遭众难"以及上文提到的《大智度论》。除了佛经之外，索达吉堪布还将爱因斯坦《我的信仰》中的简单生活与吃素食结合起来，告诫信徒要戒杀戒荤。可以看到，索达吉堪布并没有仔细区分不杀生、护生、放生、吃素等行为，而是将这些行为看作是类似的行为。这一观点，在放生团体引用的印光大师的言论中体现得更加明显。

对于苏沪地区影响甚深的印光法师的言论也是放生的主要理论依据。"上海某缘放生"团体和"上海某生学佛放生"团体都将印光法师的言论进行概括以后发布在群里："印祖告诉我们一个真实的道理,戒杀、放生、吃素、念佛,才能有求必应,有求必得!"可见,戒杀、放生、吃素和念佛是放在同一范畴内的行为。尽管放生作为一种修行法门,于所有修行法门中占有独特的地位,但是,当下放生团体多是提倡将这些行为一起实践,而不单单实践放生。如若梳理放生的历史,那么,我们应该将其与护生区别开来。但如若从当下实践来看,放生行为的外延非常广。基于此,我们认为当下上海民间佛教放生组织对于放生的理解具有广义与狭义的区别,狭义的放生指的是将面临杀害的动物放归大自然的行为,而广义的放生还包括吃素食、不杀生、护生等行为,这些行为之和或许才是真正做到了"放生"。

上文已经提到,从放生的类型来看,放生可以分为个人的放生和团体的放生。我们要问的是,既然个人放生也可以,为什么要以团体的形式去放生呢? 一般的放生团体都会以共修是更大的善来解释。那么,共修好在哪里呢?"某缘放生"群直接给出了《俱舍论》作为解释。他们化用《俱舍论》的相关观点来为共修找到理论根据:"世亲菩萨曾以比喻如是开示共业之相,军兵等为同一事,一切人均如作者。众志成城，业山可移，千万人同心熏修，其修力必为千万人共修之力。为积攒进道资粮，为成就无上道业。"这一段话认为一群人产生的力量要远远大于一个人产生的力量。毫无疑问，同样的一次放生，群体的放生在量上要大大超过个人的放生。群体成员之间的分工合作，大大提高了放生的效率。虽然这一段佛经并不存在于所有鼓励共同放生的团体之中，例如"上海某音放生"群、"上海某生学佛放生"群、"某殊胜放生"群都没有直接点明这一佛经是他们共同放生的依据。但是，基于群体性放生的普遍存在，我们认为这一观念普遍存在于参与放生的信徒之中。

上述是当下佛教放生的理论依据，下面介绍一下当下佛教放生的实践理由。我们认为这方面的理由主要包含三点：第一，放生是诸多高僧大德的修行方式，因此，信众希望效仿高僧大德的行为。"在放生的仪式中，智者大师会向将要被放生的鱼念诵《妙法莲华经》和《金光明经》。结果，放生的实践和天台宗的止观三昧相结合，成为天台宗实践的主要部分。"[①]"从宋朝开始，放生实践就成为了净土实践的主要部分，而且，随着禅宗和净土宗的同化，禅宗也采纳了净土宗释

---

① Henry Shiu, Leah Stokes, "Buddhist Animal Release Practices: Historic, Environmental, Public Health and Economic Concerns," *Contemporary Buddhism*, 9(2) 2008, p.183.

放被捕动物的方法作为它的主要实践。"①第二,放生团体宣称放生是福慧双收的重要修行方式,对于福慧双收的希冀促使信众去放生。所有的团体都认为,放生集佛教法布施、财布施、无畏布施于一体,三施皆具,功德无量!放生带给我们最大的益处是消灾延寿,与此同时也可以培养我们的慈悲心,用信徒的话说就是:福慧双收,共证菩提。第三,放生团体为信众交流佛教理论、佛教实践、各种神迹提供了平台,促使信众愿意参与到共同放生的仪式中。

卢云峰、和园在《善巧方便:当代佛教团体在中国城市的发展》中已经提到,分享自己遇到的神迹是佛教分享会的主要组成部分。他描述道,如 H 居士所说,"这都是身边的真事,你不得不信",在这种相互的聆听和分享中,小组成员之间完成了一种相互的"确信"(conviction),用宗教市场论的行话来说,就是这些聚会和分享有助于降低信仰的风险②。卢云峰认为这种宗教聚会有效地构筑了信仰团体成员的"我们感",蕴藏于其中的社会联系可以在个人遇到压力时为其提供帮助③。

---

① Henry Shiu, Leah Stokes, "Buddhist Animal Release Practices: Historic, Environmental, Public Health and Economic Concerns," *Contemporary Buddhism*, 9(2) 2008, p.183.

② 卢云峰,和园:《善巧方便:当代佛教团体在中国城市的发展》,载于《学海》,2014,28 页。

③ 卢云峰,和园:《善巧方便:当代佛教团体在中国城市的发展》,载于《学海》,2014,29 页。

显然,这些放生团体不是一些个体主义的组织,也不是消极避世的组织,正如有学者指出:"存在一种对于佛教的普遍认识,这种认识认为佛教是消极避世、隐居和个体主义化的宗教。同样,对基督教也存在一种普遍的看法,这种看法认为基督教不关心这个世界,追求死后的奖励是大众会做出的选择。这些指控……最终被认为是没有根据的。"①

3. 上海现有佛教的主要派别

当前沪上的佛教以天台宗、净土宗和禅宗为主,主要基于以下几点理由。第一,现代中国佛教以禅宗和净土宗为主。众所周知,佛教在中国历史上产生过八大宗派,分别是天台宗、三论宗、唯识宗、律宗、禅宗、华严宗、密宗、净土宗。但是,"清代内地佛教,主要是禅宗和净土宗,而以清初的禅宗最为活跃"②。第二,截至 2004 年,上海的佛教寺院共 70所,佛教居士林 1 间。上海佛教寺庙以禅宗、净土宗、天台宗为主,分别有 38 所、5 所和 4 所。禅净双修的寺庙 2 所,台净合一的寺庙 3 所,唯识宗 1 所。其他寺庙所属宗派不详,可

---

① Peter C. Phan, "Global Healing and Reconciliation: The Gift and Task of Religion, a Buddhist-Christian Perspective," *Buddhist-Christian Studies*, Vol. 26 (2006), p. 103.

② 杜继文:《佛教史》,南京. 江苏人民出版社,2006 年版,445 - 446 页。

以推测的是都与禅宗和净土宗有着或多或少的联系①。第三，上海民间团体所信奉的佛教经典、菩萨和修行方式属于天台宗和净土宗所崇尚的经典、菩萨和修行方式。净土宗遵奉的《无量寿经》、天台宗遵奉的《妙法莲华经》是上海民间佛教团体日常诵读的主要经典。观世音菩萨是上海民间信仰的主要对象，观世音菩萨的大慈大悲、救苦救难的形象主要出自《妙法莲华经·观世音菩萨普门品》。上海民间佛教团体在举行的活动中几乎全都持念"南无阿弥陀佛"数遍，这是净土宗提倡的往生西方极乐净土的主要修行方式。第四，对上海地区产生过重大影响的几位高僧大德，都是禅宗和净土宗的高僧大德。例如在上海设立圆明讲堂的圆瑛法师，他提倡禅净双收；还有被称为"大势至菩萨"再来的印光法师，他的著作《印光法师文钞》，某缘放生群每天都会在微信群发送节选内容。他提倡佛教修行者可以从净土宗入门。第五，上海在地理位置上靠近普陀山和东林寺。普陀山有许多僧人研习天台宗，也是南海观音的道场。东林寺是净土宗的祖庭。

综上所述，净土宗、禅宗、天台宗是影响上海的三大佛教主要宗派。就修行方式而言，净土宗的影响力大于禅宗，禅

---

① 数据来源于《上海宗教之旅》(上海：上海辞书出版社，2004 年版，主编周富长)一书。

110

宗又大于天台宗。

4. 上海民间佛教放生仪式的现状

从 2017 年 1 月开始，笔者共调查了四个团体的放生活动。它们分别是"上海某音放生""上海某生学佛放生""某殊胜放生""上海某缘放生护生"。"上海某生学佛放生"是笔者调查的主要团体。

放生活动所涉及的金额十分庞大，仅"上海某提放生"一个团体，2015 年的放生金额 903.7 万，参与人数 25 802 人；2016 年的放生金额 967.11 万，参与人数 25 442 人；2017 年 1 月至 5 月 8 日放生金额 336.02 万，参与人数 8 633 人[①]。在上海确知其名字的大型放生团体共有八个[②]，还存在其他很多小型放生团体，例如"华智某提放生"小组只有五六个人。

各个佛教放生团体选择的放生地点不尽相同，黄浦江（例如陆家嘴滨江大道旁）、公园（例如江湾公园）、近海（例如"某殊胜放生"团体会乘船前往东海海域）是主要的放生地

---

① 数据来源于"上海菩提放生"于 2017 年 5 月 10 日在微信发的简报。

② 根据笔者统计，八个团体分别是：上海某提放生团、上海某莲放生团、某殊胜放生团、上海某缘放生护生、上海观某放生、上海某音放生、上海某生学佛放生、上海某元放生。与李炜在《当前都市中的佛教放生现象研究——以"上海菩提学会"放生活动为中心的考察》中罗列的 12 个佛教放生团体进行比对，发现有 5 个团体重合，所以，从目前来看，上海地区存在的佛教放生团体等于或者多于 15 个。

点。除了这些场所以外，为了避免被捕捞，有些团体还找了一些偏僻的放生地点，比如复旦大学江湾校区旁边的河流。黄浦江之所以被选为放生地点，是因为黄浦江有定期的涨潮退潮，掐准时间，物命可以随潮水而去，不易被捕捞，从而有利于提高放生的成功率；而且黄浦江是一条大江，可以容纳数量上比较多的物命，保证了物命的投放量。淡水湖泊某些区域人迹罕至，是理想的放生地点，不过由于大多不在上海市，所以不是主要的放生地点。放生地点并不一定就是举行仪轨的地点。

放生的间隔时间有一周（"上海某生学佛放生"）、一天（"上海某提放生"）、一个月（"某殊胜放生""上海某元放生"），也有团体选择在重要的佛教节日放生（"上海某莲放生"）。除了每日放生的个别团体外，放生的时间主要集中于周末或者节假日，都是一些公共的空闲时间。

放生团体的人员来自全国甚至是世界各地，尽管团体成员之间私下会用地方性语言（例如上海话）交流，但是团体的官方语言基本上都是普通话。所谓官方语言，就是在仪轨中念诵时所用的语言。

目前所知的上海放生的佛教团体中，上海人与外地人的分布比例不尽相同。比如说上海居士林组织的放生，大多数参与者都是上海人。当前，加入团体的新成员往往通过网络得知这一团体的存在。通过网络加入的新成员越多，这个团体就离基于地域或血缘相近性而结合的团体越远。如若放生活动不是发生在寺庙,那么,委身于宗教的宗教人士并不经常参与放生活动。所以,民间团体有着自身的运作机制。成员的加入基本上属于自愿,放生的所得资金也是成员自愿给付的。在金钱给付方面,不同的人有着不同的看法,例如有些人认为,出钱多的人功德大,但是,比较普遍的观点是善款随喜,即按照自我力量给予金钱,其功德并不以给出的量来衡量,而是以善心大小来衡量。从总体上来看,大多数人随喜的金钱在十元到五十元之间。资金使用方面,除了交通费用、购买物命的费用,还会用于寺庙僧侣的供奉、重要节日的供灯等事宜。

以上就是放生活动的时间、地点、参与人员、所使用的语言以及资金运转的大致情况。

5. 一次放生仪式的具体流程

介绍完上海民间佛教放生团体的总体情况,下面将以"上海某生学佛放生"为例,完整地描述一次放生活动。网络是放生群发布消息的主要媒介,正如《善巧方便:当代佛教团体在中国城市的发展》中指出的,网络已经成为佛教思想传播的最为有利的工具。在没有微信以前,"上海某生学佛放生"主要通过 QQ 组织活动。目前为止,该群体共有 5 个QQ 群。有了微信以后,该群体组建了一个微信群,放生活动的时间地点主要通过微信群来发布,微信群人数 167 人。

放生活动主要包括三个方面：购买与看护物命、举行仪轨、投放物命。

"上海某生学佛放生"是一个囊括很多共修行为的佛教共修团体，包括线下和线上两部分的活动。这是上海许多放生团体的常态。一般来说，放生团体的共修行为不止于放生，而是实践与理论并行。和大多数放生团体一样，"上海某生学佛放生"的线上活动主要是每日进行的佛法共修，即在团体的 QQ 群中发布一篇文字版的高僧大德的文章，以便于群员共同学习；线下的活动包括放生共修、学习佛法共修、朝拜佛教道场的共修、供灯共修，还进行过为寺庙师傅筹集资金，邀请法师在共修地讲佛学，为群员念经超度、念经祛疾等活动。

与其他放生群体一样，"上海某生学佛放生"一般会协调好其他共修活动的时间和放生的时间。基本上，学习佛法共修和放生两者都只需要一个上午或者一个下午，一天中的另一个半天则用来进行另一项活动。"上海某生学佛放生"一般都先做完仪轨，再进行放生。

周六或者周日的早上，"上海某生学佛放生"的组织人员会提前一到两个小时到达滨江大道。现场主要分成两个区块，一个区块是随喜的地方，陆续前来的团体成员可以现场随喜；尽管只有一位家庭成员参加，随喜登记的名册中经常会出现"某某某全家"字样以及偶尔出现"众生"

字样。

　　另一个区块是举行仪轨的场所，"上海某生学佛放生"会在这一区域摆一尊菩萨，有些团体（例如"上海某音""某殊胜"）没有。一旦到达放生现场，可以听到从音响设备中播放的佛教音乐。而且，成员也不再称呼彼此为厨师、老板等等，而是无论男女信徒都称呼彼此为"师兄"。称呼转变的同时，服饰也同步转变，有海青（居士服）的信徒统一换上海青。

　　参加放生的信徒男女都有，总体来说，女性多过男性，中老年多过年轻人。在仪轨开始之前，成员们可以在菩萨像前漫步绕圈，队伍的领头是居士们，接着才是普通的信徒。所有漫步者都跟随背景音乐吟唱"南无阿弥陀佛"，为进入神圣的仪式做足准备。中间有些人会去拜菩萨，有些人进行交谈。等规定时间到了，就举行仪轨。仪轨共分十七部分：礼佛大忏悔、香赞、大悲咒、心经、往生咒、请圣、仰白、代物命忏悔、代物命持咒、代物命皈依、发愿、称赞如来名号、放生、念佛、唱赞、皈依、回向。其中的部分内容需要以唱的方式进行，其余的内容则需要大声朗诵或者背诵，部分内容需要念诵或者唱三遍。仪轨的前奏是面朝菩萨，念诵"礼佛大忏悔仪轨"（出自《佛说观药王药上二菩萨经》和《决定毗尼经》），其主要内容是念诵各个佛的名号。当开始念诵佛号时，需集体下跪，念诵完佛号才能站起来，随后依次向菩萨上香。紧接前奏的是仪轨的主体部分,一般分为诵经,代物命忏悔、持咒、皈依,以及功德回向三个部分。诵经,更准确来说,是诵咒,主要包括《大悲咒》《心经》《拔一切业障根本得生净土陀罗尼咒》(即《往生咒》);代物命忏悔(出自《大方广佛华严经》卷十四);持咒,即《大方等陀罗尼经》的七佛灭罪真言;皈依则包括皈依佛、法、僧三宝。功德回向的问题将在下文予以重点描述和分析。在举行仪轨的过程中,只要提到菩萨或者佛的称谓,信徒都要面朝菩萨像下跪或者鞠躬。

在仪轨进行的同时,贩卖物命的商人会到达滨江大道,将货车停在靠近仪轨举行的马路上。几名义工会暂时退出仪轨,带上称重工具,对物命进行称重、记录。算好金额后,商人会将物命带到放生点。信徒则在仪轨结束以后乘公交车到达放生点。等所有成员到达放生点后,所有信徒人手一只小脸盆,从大水箱中将物命舀出,倒入江中。如果仪轨进行的地点与放生地点重合,信徒们将直接投放物命。至此,一次放生活动结束。

6. 放生仪式中的"功德回向"

如果将放生活动等同于市场活动,显然放生团体的组织方是公司,参与放生的佛教信徒是消费者,"功德"就是商品。放生活动是否等同于经济活动的关键,就在于信徒与商品的关系是否等同于消费者与商品的关系。

"功德"回向是仪轨中一项必不可少的环节。放生团体的"功德"产生于整个放生活动,每次放生都能产生一定的"功德"。所以,首先,组织者和参与者不是买和卖的关系,组织者没有现成的可以提供贩卖的"功德"。只有真正进行了放生实践,才能产生功德。几个团体的主要负责人都认为实际参与是值得提倡的,仅仅随喜金钱并不值得鼓励。

其次,"功德"回向分为大回向和小回向两种。大回向的指向对象有高僧大德、宇宙国家、整个放生群的师兄。小回向的指向对象是参与者本人或者与参与者有关的活着和死去的个人。每个放生组织的回向偏向是不同的,但是没有一个放生小组的"功德"是完全回向给个人的。将"功德"全部回向给个人,并不是一种值得赞赏的行为。"华智某提上海放生组"原来有特别回向(小回向),也有非特别回向(大回向),但是上师开示:"为纠正大家放生的发心,了知众生平等的实意,并在放生过程中培养我们的菩提心和慈悲心,上师开示,以后特别回向的内容将不再体现在放生汇报里。如有需特别回向的内容,我们将在极乐法会,放生牦牛时,由上师寺院的出家师父统一念诵回向。愿我们永远如理如法放生,将功德回向给一切有情众生,愿他们早日脱离轮回苦海,往生西方极乐世界! 阿弥陀佛!"也就是说,放生者个人的功德将在将来的某个时刻得到,而不是当下立马得到。

"上海某生学佛放生"群"功德"回向内容如下:"借今日

放生的功德之力,祈愿宇宙和平,世界和谐,国家太平;愿今日放生功德回向给高僧大德,愿他们身体健康! 愿今日放生功德回向给今日前来放生的师兄及其家人,群里所有的师兄及其家人,愿各位福慧双收,共证菩提! 阿弥陀佛! 阿弥陀佛!"

有些团体甚至完全没有小回向。例如"上海某提小组"的功德回向:"愿以此放生的功德,回向以大恩上师索达吉堪布等为主的十方一切高僧大德法体安康、长久住世,弘法利生事业圆满吉祥! 回向佛法兴盛于世! 世界和平,消灾减难! 回向一切病苦者早日康复,早日顺利修习佛法;回向法界一切众生离苦得乐,早证菩提!"其中没有一点功德是回向给个人的。这一小组确立了一个回向的准则,即:诸佛菩萨如何回向,我等亦如是回向。

小回向主要分成几个部分:一部分回向给死去的亲人(堕胎的婴灵和病逝的老人);一部分回向给家中正在读书的学生,祈求他们学有所成;一部分回向给家中活着的亲人,祈求他们身体康健。

最后,对于"功德",每个信徒都有自己的理解。有一位信徒认为放生诸种行为都是积累"功德"的条件,只有具备了土壤、阳光、水等条件,种子才会发芽。他认为"功德"需要与福德区别开来。他举了一个例子:梁武帝在兴建寺庙、推动佛教传播之后问达摩,我是否有"功德"。达摩回道,了无"功德"，只有福德。因此放生有的是福报，但是，佛的智慧那种"功德"是不具备的。可见，在他看来放生者追求的两种东西是有区别的，一种是福报，此岸的东西，一种是"功德"，能够真正成佛的智慧。前者与后者有联系，两者都要行善事。但是，行了善事以后容易得到前者，想要得到后者则需要日积月累地去做善事，不断积累总能成佛，只是何时来到，不得而知（这名信徒对"功德"的理解出自《六祖坛经·决疑品》）。一位长期参加仪式的老先生谈道，"功德"是永存的，可以永世庇佑子孙。其他几位围着他的老先生都表示赞同。还有一位信徒则认为"功德"回向不同可以看出善心的不同，特别回向不是信佛和学佛之人应该追求的境界。但是发了善心肯定要比没有发善心来得好。放生就是培养善心。一位学医的大学生认为"功德"有七份，如果不做任何处理的话，自己占六份，另外一份可以回向给别人，也可以回向给自己。如果你发大菩提心，你可以将所有"功德"都回向给别人，那是值得称道的。放生重要的不是付出了多少钱，而是发了多少善心（"七分功德论"出自《地藏经》）。

基于上述的观察，在信徒眼中，"功德"被分成两个部分，它们分别是幸福和智慧。一般放生团体会将它们并称为福慧。放生是对两者的追求，而不是仅仅追求其中的一个。幸福主要指的是此世的幸福，智慧指的是对佛法的理解与掌握，后者可以说是成佛和往生西方极乐世界的必备条件。尽管不同的信徒对于"功德"回向有着不同的理解,但是,将"功德"回向给有情众生的大回向是必不可少的。两者的回向方式也是不同的,三个放生团体("上海某生学佛放生""某殊胜放生""上海某音放生")要求所有人都要念大回向,而小回向则由主持人一个人念诵。小回向一般排在大回向的后面。三个放生团体的所有成员对于目前的"功德"回向安排没有异议。这种安排暗示着所有公共的东西都由公共的方式来产生,而个人的东西也要从公共东西中去分有。此外,尽管放生团体未强制规定穿着打扮,但是穿海青的人总是站在队伍的前列,仪轨进行时高声喊叫的孩子总是被呵斥,跪拜菩萨时站着的人总要受指责;相似性是放生活动的基本特征,突出差异、彰显个性不是这一团体追求的目标。实际上,不管信徒带着何种目的,他们在以下这点上达成了共识,即持之以恒地参与放生意味着自己接受了六道轮回的思想,接受了自己是有情众生的一员的理念。

7. 佛教放生组织与历史上其他民间佛教组织的异同

欧大年在《中国民间宗教教派研究》中提出,中国民间宗教组织并不是铁板一块,而是具有异质性。有些民间宗教组织是秘密社会,因为它们符合秘密社会的基本特征:"除了秘密性这一核心因素之外,麦肯齐列举了秘密社会的四个主要特征:(1)排它性或男子占优势,虽然在其从属组织中往往允许女子担任职务。(2)森严的等级结构。……(3)有精心

120

杜撰的有关自身起源的故事。(4) 极其重视入会仪式。" ①可是,有些民间宗教组织并不一定是秘密社会,"因为它们脱胎于既存的宗教礼拜传统,所以不是农民的造反;因为它们不是秘密的,故而也不是秘密会社" ②。他认为入教仪式是区分一个民间组织是不是秘密社会的重要标志,"教门在吸收新成员时除了挂号焚表以告神明之外,没有其他入教仪式。它们并不想将自己的教义秘而不宣,只要没有危险,就公开传播,至多只是为了避免官府的迫害。才暂时转入地下" ③。

根据欧大年的观点,可以推论出,举行民间佛教放生仪式的上海民间佛教放生组织不同于秘密会社,因为它根本没有入教仪式。这些放生团体根本没有登记在册的成员表,参与者只需要通过微信获知举办活动的时间和地点即可参与。

这些放生组织也不是独立的教派,没有提出过专门属于该教派的教义和膜拜方式。但它们确实是一些独立的民间组织。它们独立于寺院运行,有自己的名称、旗帜、固定的共修地点、运作班子、放生时间、活动种类和计划。

这些放生组织也不是围绕着寺庙成立的,它们不以寺庙

①　欧大年:《中国民间宗教教派研究》,上海.上海古籍出版社,1993年版,66页。

②　欧大年:《中国民间宗教教派研究》,上海.上海古籍出版社,1993年版,6页。

③　欧大年:《中国民间宗教教派研究》,上海.上海古籍出版社,1993年版,6页。

为中心而开展活动①。尽管"上海某生学佛放生群"拥有一个共修的地点，但这个地点不是寺庙，而是一座商业楼内的一个房间。房间里挂了一幅画，画中是阿弥陀佛、观音菩萨和大势至菩萨，还有一幅写有《心经》的字画。学习佛法的共修地点也会因为各种各样的原因发生改变。对于一个佛教放生组织来说，网络作为一个平台是始终有效的。QQ群和微信群是这些组织维系日常运作最为重要的媒介。民间佛教放生活动依赖于这些组织的存在。所以，与道教发展初期血缘关系在道教组织中的重要作用不同，也与以地域为中心的江南民间祭祀宗教共同体不同，这些现代化的宗教组织是以组织本身为中心，借由网络媒介散播的佛教思想和消息而粘合在一起的信仰共同体。

8. 放生仪式中的礼物交换与礼物类型

不管模式有多少种，我们发现放生仪式存在一个放生—从佛菩萨获取功德（福慧双收）—将部分功德分享出去（提倡将所有功德都送出去）—再去放生的循环。江南民间信仰活动中的人神关系是否可以定义为礼物关系的问题要到最后下结论时才会给出，在这里，我们先假定其是一种礼物关系（下面将会看到，在太岁仪式和年终祭祀中，我们也做了此种假定）；那么，用礼物交换的视角去看待，放生馈赠的某种礼

---

　① 杜继文主编：《佛教史》，南京.江苏人民出版社，2008年版，3页。

物,换来了佛菩萨馈赠的功德。问题的关键是放生者馈赠的礼物是什么？在放生仪式中,物命并不是送给佛的礼物。它们甚至不一定遁入佛门,但是功德必然来到。因此,我们认为信徒给出的礼物是放生的行为、念咒的行为。佛会给这些他所欣赏的行为以回馈。这一点从分享功德这一行为中得到确认,分享功德,是效仿佛菩萨的行为,必然为佛菩萨所喜爱,进而得到佛的智慧,拿到往生西方极乐世界的入场券。各种仪式性的"行为"在佛教放生仪式的礼物交换中占有重要的位置,本身是一种礼物。

也许有人认为放生仪式中的礼物交换是不成立的,因为佛教根本不信神,而是信业力。但是,放生的田野调查告诉我们,在研究放生仪式时,我们首先要打破的观念就是佛教是一个"无神论"宗教。我们非常清晰地看到佛教徒对于佛的崇拜。这种崇拜是以漫天神佛存在为前提的,而不仅仅认同因果法是一种神圣的原则。在佛教的民间实践中,我们看到的是与杜继文先生认为的佛教完全不同的佛教。杜继文先生认为:"佛教主'业力'决定论。……人自身以及他的周围环境和一生命运,都是由人自己的思想言行决定的;任何外力,包括神灵、帝王以至于佛菩萨,都无能为力,求天拜神全然无用。"在我们看到的佛教中,拜菩萨被认为是有用的。在"上海某生学佛放生群"的田野调查中,礼佛大忏悔是需要做的第一项仪式,参与者需要对八十八个佛进行跪拜。实际

123

上，杜继文先生的观点与许多佛教经典都相矛盾，例如，对信众来说，他们共修的主要经典是《法华经》《药师经》《地藏经》，在这些经典中，念药师菩萨、地藏菩萨、观音菩萨的名号，将得到各种各样的好处。

除了这一点之外，我们还看到佛对信众的回馈，绝不仅仅是精神上的回馈，还有物理意义上的回馈。所以宗树人先生的观点——在中国宗教中，神人之间的交换是物质与精神之间的交换——显然不符合放生仪式。放生仪式中的信徒不断地从生活中找到福慧双收的证据。对于放生仪式来说，如果只是将"功德"等同于精神性的存在，那么，"功德"的力量就被大大地削弱了。

（四）上海道教太岁仪式

1. 道教太岁仪式的历史由来

道教将与木星相对的肉眼不可见的一颗星称为岁星，它和木星呈反方向运动。木星和地球同时绕太阳转，木星绕太阳转一圈时，地球已经绕太阳转 12 圈了。地球绕太阳转一圈是一年，所以木星的一年相当于地球的 12 年。岁星与木星相对，每一年对应不同的属相（子、丑、寅、卯、辰、巳、午、未、申、酉、戌、亥）。这构成了地支的纪年方法。天干来自五行，金木水火土，对应不同的方位，形成五方。当干支联系在一起时,相互组合形成了不同的六十年,每年对应一个太岁星君。所以,一个生肖对应五个太岁星君。从干支纪年方法中我们可以看出,时间和方位不是两个分离的东西,而是紧密联系的两者。对于太岁星君来说,同时拥有自己的吉时和吉地。人在日常生活中要十分注重哪一个方位和哪一个时间是太岁神所喜爱的。

按照道教的理论,每个人出生之年有一位主管他一生、赏善罚恶的神,叫做本命太岁;每一年都有一位值管当年、赏善罚恶的神,叫做值年太岁。当一个人的本命太岁与值年太岁同属一个生肖时,这个人要诸事小心,以防太岁神不悦,正所谓"太岁当头坐,无福恐有祸"。此外还有相冲(与值年太岁相对的属相)、相害(与值年太岁南北平行的属相),当然也有相和(与值年太岁东西平行的属相)。为了避免相冲、相犯、相害给自身带来危害,处在这种关系之中的人需要拜太岁。不处在这种关系中的人也可以去拜太岁,毕竟值年太岁神掌管着一年的运势。

在道教历史中,太岁神的记载出现在多种经典文献中。根据李宏之和马梓材的研究,太岁神经历了一个先纳入道教神仙体系,再从无人形的太岁神到有人形的六十名太岁大将军的过程。他们认为《太平经》的记述标志着太岁神已经是道教神仙体系的一部分,"然未欲大得天地之心意,有益于帝王政理者,乃当顺用天地之心意,不可逆太岁诸神,同合其气,与帝王用事"①。他们认为人形化的太岁神和太岁大将军的称号很有可能是从东晋葛洪的《抱朴子内篇》中发展出来的,"至少在东晋时期,具有人形的太岁神已经出现,并且有了'太岁太阴将军'的说法,或许这就是称太岁神为'大将军'的发端"②。他们论点的主要依据是《抱朴子内篇》中的两段记述,"乃可以召天神及太岁,日游五岳四渎,社庙之神,皆见形如人,可问以吉凶安危,及病者之祸祟所由也"③,"能守一者,行万里,入军旅,涉大川,不须卜日择时,起攻移徙,入新舍,皆不复按堪舆星历,而不避太岁太阴将军、月建煞之神,年命之忌,终不复值殃咎也"④。他们认为东晋时期的太岁神还没有具备六十个姓名,拥有六十个具体姓名的太岁神出现在隋代,"《道藏》中的太岁神名凡五见。一见之于《元辰章醮立成历》……二见之于《六十甲子本命元辰历》……三见之于《摄生纂录》的《行旅篇》……四见之于南宋道士吕元素的《道门定制》卷七……五见之于南宋道士蒋叔舆(1156—

① 转引自上海城隍庙、香港蓬瀛仙馆编著:《拜太岁》,北京.宗教文化出版社,2010 年版,10 页。

② 上海城隍庙、香港蓬瀛仙馆编著:《拜太岁》,北京.宗教文化出版社,2010 年版,10 页。

③ 转引自上海城隍庙、香港蓬瀛仙馆编著:《拜太岁》,北京.宗教文化出版社,2010 年版,10 页。

④ 转引自上海城隍庙、香港蓬瀛仙馆编著:《拜太岁》,北京.宗教文化出版社,2010 年版,10 页。

1217)编的《无上黄箓大斋立成仪》……"①。道教中的太岁神除了经历了一个从无到有的演变之外,在李宏之和马梓材看来,它还经历了从地位低的神到颇受信奉的神的演变,"至少在唐末五代时期……'六十甲子本命星君'在神系中的位置只是在众神的最后,虽然已经正式进入了道教的神仙系列之中"②。这种地位与现今太岁崇拜在中国的流行程度是不相匹配的。

我们发现,虽然隋唐时期的文献中已经出现了六十甲子姓名,但是,六十甲子太岁神的姓名并没有完全定型,而是随着朝代的更替而改变。所以,"现今流传的北京白云观元辰殿的太岁神名号和《道藏》中诸经籍的记载不尽相同"③。我们认为六十甲子太岁神的名号定型于明朝,此后便一直延续至今。我们的理由是,据《太岁神传略》的描述,现今的六十甲子太岁神以宋明时期降生的将领为主。也就是说,六十甲子太岁神中出现了降生于明代的将领,例如甲子太岁金辨大将军、丙寅太岁耿章大将军、丁卯太岁沈兴大将军。可见,明

① 上海城隍庙、香港蓬瀛仙馆编著:《拜太岁》,北京.宗教文化出版社,2010年版,12-13页。

② 上海城隍庙、香港蓬瀛仙馆编著:《拜太岁》,北京.宗教文化出版社,2010年版,11-12页。

③ 上海城隍庙、香港蓬瀛仙馆编著:《拜太岁》,北京.宗教文化出版社,2010年版,14页。

代的时候,六十甲子太岁神还处在一个不断变动的过程之中。但是,六十位太岁神君之中完全没有清一代的将领,说明清代时六十太岁神姓名没有发生变化。

2. 太岁仪式的现状和类型

太岁信仰遍布亚洲,例如日本和新加坡,"上世纪 90 年代,日本新兴宗教阿含宗在日本京都的本山也仿造北京白云观建造了元辰殿,塑了六十甲子太岁神像"①,新加坡韭菜芭有自己拜太岁的专著《新加坡韭菜芭城隍庙拜太岁仪式》。不过,不同的地方的拜太岁方式有所不同,"日本人一般不烧香,不跪拜,只是立正、鞠躬和三击掌等等"②。

上海道观的拜太岁仪式也较为普遍。太岁仪式在上海的主要道观中都占有一席之地。钦赐仰殿 2019 年法事公告栏中,5 个主要法事,太岁仪式占了 2 个。另外钦赐仰殿、城隍庙、崇福道院、白云观都有专门的宣传栏宣传十二生肖在戊戌年(公元 2018 年)的运势。崇福道院除了宣传栏以外,还有多个易拉宝用于解释拜太岁的理由和方法。几乎每一个太岁神殿中六十甲子神像的脖子上都挂满信众许愿的红绸带。上海城隍庙的太岁殿位于霍光主殿和本地城隍殿之

---

① 上海城隍庙、香港蓬瀛仙馆编著:《拜太岁》,北京.宗教文化出版社,2010 年版,131 页。

② 上海城隍庙、香港蓬瀛仙馆编著:《拜太岁》,北京.宗教文化出版社,2010 年版,131 页。

间的通道上,由于空间狭小,人经过太岁殿,会感到此处比别殿更加热闹。每个道观的太岁神殿都供满金色的小灯。在拜太岁和谢太岁的日子,在城隍庙、钦赐仰殿、崇福道院等道观,可以看到排队购买元宝、锡纸的信众。2018 年 11 月 22 日是城隍庙"谢太岁"仪式的第一天。2018 年 11 月 23 日早上去城隍庙,仍然可以看见霍光大将军神像前堆起了诸多用于当日焚化的元宝和锡纸。2018 年 11 月 22 日,钦赐仰殿举办谢太岁仪式时,平时冷清的道观此时变得相对热闹一些,信众在祖师殿门前排队,等着道长为他们在装元宝的红色纸袋上写上自己以及家人的名字。同一天,下一年的十二生肖运势图已经张贴了出来。

参与正月里拜太岁仪式的人比参与谢太岁仪式的人多。2019 年 2 月 7 日(正月初三)是崇福道院的拜太岁仪式,2 月 8 日(正月初四)是钦赐仰殿的拜太岁仪式,2 月 12 日(正月初八)是城隍庙的拜太岁仪式,都有不少民众参与。崇福道院和钦赐仰殿的面积较大,因此尽管有多人涌入,依然不需要安排疏导的工作人员。但是,面积较小的城隍庙则安排了大量的安保人员,霍光大将军的主殿安排了六七个安保人员负责疏通人流,摆放太岁星君的过道更显拥挤。

太岁仪式的种类主要包括集体的太岁仪式和个人的太岁仪式。每种类型的太岁仪式都包括两个部分:拜太岁和谢太岁。拜太岁主要在一年的年初举行,谢太岁则在一年的年末举行,例如上海钦赐仰殿的戊戌年集体拜太岁仪式是在农历正月初四至初九,以及正月十五(2018年2月19日至24日,3月2日),谢太岁仪式是在农历十月十五(2018年11月22日)举行;崇福道院的戊戌年集体拜太岁仪式是在农历正月初三、初六、初九、十二、十五(2018年2月18日、2月21日、2月24日、2月27日、3月2日),谢太岁仪式是在农历十二月廿四(2019年1月29日)举行;城隍庙的戊戌年集体拜太岁仪式是在农历正月初八到廿五(除正月十五)(2018年2月23日至3月12日),谢太岁仪式是在农历十月十五至十七(2018年11月22日至24日)。谢太岁不存在个人仪式。集体拜太岁和个人拜太岁的仪式流程相似。上海各个道观的拜太岁和谢太岁的流程也相似。

拜太岁和谢太岁都需要一定的费用,比如钦赐仰殿公开的收费标准如下:450元一位,其中150元用于购买拜太岁和谢太岁所需要的元宝、锡纸,200元是参与拜太岁仪式的费用,100元是参与谢太岁仪式的费用。如若不缴费,也可以参加仪式,只不过向太岁上报名字时不会将你的名字上报。城隍庙在公告中写的是薪资随缘,可以看到有些元宝、锡纸是信徒自己购买的。除此之外,个人拜太岁仪式的费用是具体商定的。

尽管太岁仪式一般在道观举行,但是太岁仪式参与人员主要是世俗的大众,他们并不是真正皈依道教的道士。我们认为太岁星君在道教神仙体系中地位的逐步上升,实际上是民间信仰对道教提出来的要求。道教的太岁仪式实际上是应对普罗大众的需要所发展起来的。因此,我们认为它仍然是一种民间信仰的活动。

3. 太岁仪式的流程

太岁仪式两个部分的隆重程度有所不同,一般拜太岁仪式要比谢太岁仪式更加隆重。拜太岁也有复杂和简单之分,复杂完整的拜太岁仪式往往在道观举行,简单的拜太岁仪式则可以在家中举行。家中的拜太岁仪式主要是在太岁神像面前祈祷。

3.1 拜太岁仪式的流程

崇福道院位于浦东,虽然它号称要打造具有上海地方特色的道场,但是经过田野调查后发现,崇福道院缺乏共同的仪式行为,只有个人的仪式行为。整个拜太岁仪式比较随意,少数人在烧了元宝、锡纸以后便离开,大多数人则是放下元宝、锡纸以后就离开。同在浦东的钦赐仰殿的拜太岁活动也不够全面。基于城隍庙的拜太岁仪式已经有文献记述,笔者便以城隍庙的拜太岁仪式为主进行描述。

笔者田野调查时,城隍庙拜太岁仪式的时间是正月初八(2019 年 2 月 12 日)。根据《拜太岁》一书的描述,太岁仪式主要分成三个部分:教唱"礼斗诰"、奉请太岁神像及神位、施行本命灯仪①。信众一般会参加前两个部分。在最后一个部分结束以后,他们会回到城隍庙去拿被施过法的毛巾或者衣物。道场举办的地点是城隍庙的主殿霍光大将军殿。整个道场主要分成几个部分。霍光大将军像的左右两边放置的是红色纸袋子。纸袋子里装满了烧给太岁神君的元宝、锡纸。纸袋子上要写上"三元三品三官大帝,中天紫微北极大帝,信人某某某"。中天紫微北极大帝是掌管六十甲子太岁星君的神,三元三品三官大帝则指的是与人息息相关的天官、地官和水官。崇福道院、钦赐仰殿拜太岁仪式都有类似的纸袋子,只是袋子上的字有所不同,崇福道院的袋子上写的是"敬奉某某年某某大将军,信人某某某",信徒一般会写上全家人的名字。在霍光大将军的像前面摆放的是两个架子,架子上摆满了信众的毛巾和衣物。架子中部的正前面摆放用于科仪的桌子,桌子的靠近门的一侧摆放香炉和灯。

参加城隍庙的太岁仪式的信众被分成核心和外围两个部分。核心部分的信众跪在用隔离带围起来的一小块区域中,外围的信众则都站在隔离带的外面。这样的安排在钦赐仰殿也可以见到,只不过钦赐仰殿的外围不像城隍庙那样围着道场胡乱站,而是一排排整齐站好。仪式开始以后,所有

① 上海城隍庙、香港蓬瀛仙馆编著:《拜太岁》,北京.宗教文化出版社,2010 年版,12 页。

的信众都拿着志心皈命礼（这一现象在钦赐仰殿和崇福道院都不存在）。志心皈命礼的内容为："太上慈尊圣母,摩利支天大法主,中天大圣,北斗九皇,解厄延生上道君,帝星皇君。"期间要跟着道士做动作,在道士鞠躬的时候也要跟着鞠躬。在志心皈命礼结束以后,稍微暂停几分钟。在此期间,道士们将红衣法服（鹤氅）脱下,换上花衣法服。穿上花衣法服以后,道士们带着前排的信众绕到城隍庙的太岁神殿的面前。在唱诵一段经文以后,他们将把值年太岁神从太岁神殿中请出来。请太岁的时候,不是由道士们抬,而是由核心区的两个信徒代表去抬。他们将当年值年的太岁神君抬到整个科仪的前端,也就是放置信众毛巾和衣物的架子中间。

太岁神君安放好以后,一名道士开始给放在前面的毛巾洒甘露。洒完甘露以后,这名道士用点着的纸在太岁神君前晃一会,然后将点着的纸在毛巾前晃动。这就是《拜太岁》一书中谈到的给信众们带来的衣物施法,但是缺少《拜太岁》一书中提到的给信众洒甘露的环节,这一环节在钦赐仰殿的拜太岁仪式中是存在的。在钦赐仰殿的拜太岁仪式中,洒甘露是最为重要的一个环节。除了洒甘露以外,钦赐仰殿还有带着信众绕整个道观一圈的行为,这种行为也未见于城隍庙。

回到城隍庙的拜太岁仪式。在对衣服施完法以后,由一个道士将先前所念的所有经忏都一件一件地烧毁。与此同时,两个道士开始念名字,最后将香插在主祭师面前的香炉里。钦赐仰殿的拜太岁仪式也格外重视念名字。钦赐仰殿的拜太岁仪式在正月初四(2019年2月8日)举行。在仪式进行到9:46的时候,道士开始念名字,一直要念将近一个半小时。念的主要内容是"善人姓名,生辰某某年某某月,祈拜某某太岁星君,善信某某某敬拜"。念完名字以后,钦赐仰殿的道士们开始分发太岁文疏。城隍庙拜太岁仪式开始念名字的时候,信众们开始散场,原本拥挤的霍光大将军主殿变得空旷起来。根据城隍庙的微信公众号2019年2月12日发布的消息,在拜太岁仪式过程中,信众可以恭请太岁文疏。根据该公众号2019年2月11日发布的消息,太岁文疏指的是:"以文字书写的章表文函,是人与神之间重要的沟通方式。太岁文疏内书信众个人的生辰八字,并表对太岁神皈依之心和祈福之意。信众在庙里请回太岁文疏,收藏于家庭洁净之处,并于当年的农历十月十五(谢太岁日)左右一周内来庙焚化,送问上天。"在拜太岁仪式的最后,所有堆放好的元宝和锡纸都要烧给太岁神君。在整个拜太岁仪式结束以后,参加城隍庙拜太岁仪式的信众需要拿回自己的毛巾和衣物。

3.2 谢太岁仪式的流程

在各个道观的谢太岁仪式中,最为正式的是钦赐仰殿,因此有关谢太岁的描述以钦赐仰殿的谢太岁仪式为主,城隍庙和崇福道院的谢太岁仪式作为补充。

钦赐仰殿的谢太岁仪式中,道士主要是念经忏。道士念经的时候,信徒不需要跟着念。但是,信徒会在道士的引导下,行跪拜礼。跪坐的位子在钦赐仰殿玉皇殿的门口,红色的隔离带将这块区域与其他区域分隔开来。由于跪坐的位子比较少,所以,在跪坐着的人跪拜的时候,大多数信徒只能站在玉皇殿阶梯前鞠躬。整个仪式大约需要两个半到三个小时,信徒需要鞠躬和跪拜十多次。整个谢太岁的仪式中,最重要的一部分是念各位信徒的名字。念名字的时间占了很大的比重,念经与念名字的时间比大约是1∶2。名字是拜太岁的时候登记好的,谢太岁的时候把来谢太岁的人的名字圈出来。念名字的用意就是告诉太岁星君,善男信女本人已到现场。

念完名字以后大家将准备好的元宝、锡纸烧给太岁星君。装元宝、锡纸的袋子外面写上:"酬谢值年太岁星君,善信某某某(某某某全家)敬拜。"在谢太岁的仪式中,不是每个人都站在玉皇殿阶梯前的队伍中,但是每个人都会烧元宝和主疏文。有些人烧完以后就走了,有些人等到念完经由寺庙工作人员集体烧。钦赐仰殿的谢太岁仪式表明,鞠躬、跪拜,尤其是烧主疏文、元宝、锡纸,念名字,这些都是不可缺少的要素。

城隍庙的谢太岁仪式也是由道士念经忏,但是,普通人并不是排成一列,跟随道士鞠躬。城隍庙的信徒要做的是数元宝、锡纸,装入红色的袋子中。城隍庙的红袋子上写的是

"敬奉三元三品三官大帝、中天紫薇大帝",同时在公告上指出此次焚烧也送达太岁星君。据他们公告上的介绍,11月22日这一天刚好是三元三品三官大帝解厄之日。本次法会的时间有三天,从11月22日到11月24日。从法会举行的日期来看,太岁星君更加重要,因为后两天都是为太岁星君准备的。数好元宝之后,信徒将红袋子放在霍光大将军殿里面,放完以后,他们就走了。尽管与钦赐仰殿有所不同,集体的行动并没有出现,但是和钦赐仰殿一样,数元宝的数量,烧元宝、主疏文,这些事是不能少的,是普通善男信女最为看重的。与前两所道观一样,崇福道院的谢太岁仪式同样是烧元宝、主疏文等,但是缺乏集体仪式。

　　4. 太岁仪式中的礼物交换与礼物的产生

　　和放生仪式一样,我们先假定可以用礼物交换的视角来分析太岁仪式。我们认为太岁仪式存在这样一个礼物交换的结构:犯太岁的人烧元宝、锡纸给太岁神君祈求庇佑—得到太岁神君的护佑—烧元宝、锡纸给太岁神君表示感谢。具体来说,在年初的时候,为了取悦值年太岁,犯太岁的人们通过烧元宝、锡纸的方式将这些"心意"送达太岁神;太岁神降下甘露,洒在毛巾、衣物上,并且以太岁文疏作为两者交好的凭证。谢太岁的时候,为了感谢太岁神的护佑,元宝、锡纸再次被烧给太岁神。来年则是另一批需要拜太岁的人进入这个礼物交换的系统中。在这个系统中,我们发现有三种礼物。第一种是元宝、锡纸。在太岁仪式中,它们本身就是神圣的、属神的。但是,在日常礼物交换中,送出这些礼物是很不恰当的行为。因为,这些礼物也会被烧给死人。它们本身的属性是不确定的,仪式的性质决定了它们的性质。它们只能在仪式中被用于交换。有些人并不买这些礼物,他们的礼物是鞠躬、跪拜等仪式化的行为,这是第二种礼物。此外,还有一种神给人的礼物(甘露与带有甘露的毛巾、衣物)。当然,这种礼物也是经过仪式以后才能得到。

(五)浙江金华婺城区桃源村儒教年终祭祀仪式

1. 桃源村的过去与现在

浙江金华婺城区桃源村,现位于婺城区白龙桥镇,距离金华市市区二十多分钟车程。桃源村是一个移民的村落,由原先金华市婺城区岭上乡的多个村落组成。在移民之前,这些村落位于金华市的西南方向。岭上乡的诸多村落都是沿着厚大溪建立的。根据悬挂于宣传栏中的简写版村志可知,厚大溪又称越溪。在春秋时期,厚大溪是越国与姑蔑国的分界河。然而,在民国二十年修订版《汤溪县志》中,我们只看到厚大溪被称为塔石溪和南源。岭上乡曾经隶属于汤溪县(现为汤溪镇),汤溪于明成化年间获四邑割地而成为县,故现今汤溪镇上的城隍庙占地面积 6 700 平方米,不同于乡里小庙。尽管汤溪县早已不复存在,但是《汤溪县志》中关于当地人民的风俗、宗教的记载依然是了解该地百姓生活最为重要的文献。本书田野调查中的家庭主要是原岭上乡乡政府所在地岭上村的家庭。该村村民是桃源村的主要群体之一。

岭上村之名虽未得考证,但是该村落确实四面环山,是一个名副其实的小山村。厚大溪旁边的岭上村被一条小河分成两个部分。小河的水是从厚大溪中引过来的。小河东面的村落再往东是一条公路,公路的东面是厚大溪。小河的西面是村落的旧貌,小河的东面是沿着公路新建的房子。因此,可以从小河的西面看到该村落原先的格局。这个格局非常值得关注,它由一个又一个的"串门"组成。一个小"串门"里大约有四五户人家,大的"串门"内可能有多达十几户的人家。"串门"内住户的房子靠得非常近,差不多一出自家门口就是别人家的门口。"串门区"构成了岭上村的村落原貌。与之相反,新建的房子完全没有了"串门",都变成了独门独户的人家。后来,独门独户的房子也在小河西面出现,主要分布在"串门区"的南端和北端。

岭上村原先有祠堂,有族谱,有"烧灵"的场所。根据简写版的村志记载,岭上乡原有古祠古厅七座,岭上村有两座,因为该村主要由两个姓氏组成,一个是章氏,一个是邱氏。两个姓氏占据村落的南北两端,邱氏祠堂在村落("串门区")的北端,章氏祠堂在村落("串门区")的南端。尽管村志记载岭上有三个庙殿,但是,20世纪90年代时,这些庙殿就已不见踪影。

由于金华市"九峰水库"工程的推进,2008年前后,整个岭上乡的众多村落被分成三批,迁往了金华市婺城区汤溪镇、金华市婺城区白龙桥镇上邵移民村(后改为桃源村)、金华市婺城区乾西乡湖头村。迁往前两个镇的村民被分得一块地,被称为"宅基地",可自行在自家地基上盖新房,湖头村的居民则入住已经建好的小区式的单元楼。至此,岭上村的"串门"现象成为历史。"串门"的消失对村民的影响似乎不甚明显,因为左右新建住房的住户仍然是原先旧村的村民,彼此之间还是相识的。邻里之间依旧按照原先的方式相互来往,例如相互赠送礼物。相互赠送的礼物的类型多种多样,有田里种的、自己手工制作的、别人送的,一般是有富余的东西就分给街坊四邻。尽管接受方一般都会回赠礼物,但是这种行为的主要目的不是为了买卖。毫无疑问,村民对于此类行为与现代社会中的商业买卖行为之间的区别非常了解。

但是,此次搬迁引起的一些场所的消失对村民的生活造成了一定的影响。首先是"烧灵"场所的消失。"烧灵"指的是给死去的人烧其在阴间所需要的各种物品的活动,烧的物品包括纸房子、纸钱等。目前这一移民村并没有一个固定的用于"烧灵"的建筑物。然而,人死后需要"烧灵"的观念并没有消失。假如父母在阴间没有房子住,不仅其子孙对父母的感情无处表达，而且会被村民认定为"不孝"。彼此都是老相识的村民们将议论纷纷，对死者子女造成空前的舆论压力。所以，尽管没有用于"烧灵"的建筑物，"烧灵"活动也必须进行。那么，选在哪里呢？村民们将"烧灵"的场所选在了横穿和竖穿村落的两条主干道的十字路口。这个十字路口的东南面、西南面、西北面均是居民楼，东北面是村两委办公大楼兼老年活动中心。人死以后，其家属在十字路口用石灰画一个白色的圆圈，再将纸房子、纸车子、纸钱等放在白色圆圈里烧。这样的方式在上海这种大都市也随处可见。这无疑表明这些人受过同一种文化熏陶。

与"烧灵"事宜受到影响不同，家庭的年终祭祀活动没有受到任何影响。每年的年终祭祀成为了村民们最为重要的宗教活动。根据《汤溪县志》的记载："祭有庙祭，有家祭，有墓祭，拜跪趋跄一遵《家礼》，冬至庙祀则有胙肉分颁，元旦，绅士、庶民于家各服其服，拜谢天地祖宗，越日具火爆纸钱拜墓，即古扫墓意也。"①民国二十年，也就是1931年，仍然是三种祭祀方式并存。但是，现今祭祀方式以家祭和墓祭为主。上文提到岭上村附近已经没有庙宇，要去庙宇举行宗教活动不太方便，最为关键的是村民似乎并没有去寺庙中举行

---

① 丁黉等修，戴鸿熙等纂：《汤溪县志》，台北.成文出版社有限公司，1975年版，277页。

宗教活动的习惯。寺庙常常被认为是一个旅游场所,一个要收门票的地方,而不是宗教活动的正规场所。反而,家是祭祀活动的正规场所。这一点与大都市上海有所不同。在上海,有相当一部分人认为寺庙是举行所有宗教活动的正规场所,庙祭在上海相对常见。这种转变,有可能是因为城市化的持续推进。这种持续推进使得单元房的住宅已经很难维持原先房子的格局,原先房子的格局又是宗教活动得以开展的前提。此外,分散的宗教建筑被拆除后不再复建,宗教活动也日益趋于集中化。

桃源村的村民没有这些困难,因为新房子是自己盖的,房子在建造时就预留了宗教活动的场所。下面,我们将重点介绍当下民众的家庭祭祀。当然,墓祭仍然是祭祀的主要方式之一。墓祭主要指的是每年过年给逝去的亲人"拜年"——带着蜡烛、纸和香烧给逝去的亲人。此外,亲人在刚刚去世的时候,逝者的亲属要烧满"七个七,七七四十九"。所以,年终祭祀和墓祭在时间上(每年正月)有所重叠。

2. 儒教家庭祭祀的历史由来

李天纲认为汉人祭祀的主要特征是血祭。他所说的汉人宗教主要指儒教,"儒教以血食,是自古以来的传统"[①]。

---

① 李天纲:《金泽——江南民间祭祀探源》,北京. 生活·读书·新知三联书店,2017年版,460页。

这种祭祀方式从周开始，一直延续到今天，"直到清代，儒教祭祀秉承《仪礼》《礼记》和《周礼》，坚持用牲"[1]。不过，从祭祀地点来看，在他的《金泽》一书中，主要讨论的是庙祭，"金泽镇的庙会，基本上还是香汛"[2]。正如上文《汤溪县志》的记载，汤溪县百姓的祭祀有庙祭、家祭和墓祭三种。对桃源村村民来说，墓祭和家祭又有所区别。家祭可以归属于血祭一类，墓祭则多为素祭，或者不摆食物，只烧纸、点蜡、插香。这一点与《家礼·祭礼》中所描述的墓祭有所出入。该书中的墓祭要准备鱼肉面食，"以祀后土"。不过，书中记载为墓地除草等事宜当下仍时有发生。

根据《说文解字》，"家"这个字包含"宀"与"豕"两个部分，表明家是一个生产单位。其实，家不仅是一个生产单位，也是一个祭祀单位。早在《礼记·曲礼下》之中，豕就是牺牲的一种："天子以牺牛，诸侯以肥牛，大夫以索牛，士以羊、豕。"[3]费孝通在《乡土中国》中就指出，中国的家不同于西方的家庭，"一方面我们可以说在中国乡土社会中，不论政治、经济、宗教等功能都可以利用家庭来担负，另一方面也可以

① 李天纲：《金泽——江南民间祭祀探源》，北京. 生活·读书·新知三联书店，2017 年版，463 页。

② 李天纲：《金泽——江南民间祭祀探源》，北京. 生活·读书·新知三联书店，2017 年版，406 页。

③ 胡平生、张萌注：《礼记》，北京.中华书局，2022 年版，87 页。

说,为了要经营这许多事业,家的结构不能限于亲子的小组合,必须加以扩大"①。神圣宗教场所与世俗家庭场所的分离在桃源村村民的生活中还没有出现,因此,在桃源村,家依然具有宗教的功能。

不过,乡土社会的宗教与《礼记》中的祭礼显然有所不同。《礼记》有言"礼不下庶人",人与人之间社会地位的差别是现实存在的,庶人家庭具备"士"级别的祭品,并非易事。因此,宋代理学家朱熹写了《家礼》一书,"显然,朱熹此处的'家礼',与他在《仪礼经传通解》中所阐释的'家礼'是有所不同的,它不是那种传统意义上专用的'贵族之礼',而是通用于整个社会的、更多地考虑到社会普通家庭的'庶民之礼'"②。由此可见,中国的祭礼经历一个由上层普及到下层的过程。

由于《家礼》中的诸多规定与桃源村的家庭祭祀还有所相似,因此,我们将在这里详细介绍朱熹的《家礼·祭礼》。《家礼》中规定祭祀类型有四时祭、初祖、先祖、祢、忌日、墓祭。家庭祭祀的日期分别是"孟春下旬之首,择仲月三旬各一日,或丁或亥""冬至日祭始祖""立春祭先祖""季秋祭祢"

---

① 费孝通:《乡土中国》,北京.生活·读书·新知三联书店,1985年版,39页。

② 朱熹:《朱子全书·家礼》(王燕均、王光照校点),上海.上海古籍出版社,2002年版,857页。

"忌日""三月上旬"等等。这几种祭祀的流程大致相似,以祭祀初祖为例:"冬至祭始祖,前期三日斋戒。前期一日设位,陈器,具馔。厥明夙兴,设蔬果酒馔。质明,盛服就位,降神,参神,进馔,初献,亚献,终献,侑食,阖门,启门,受胙,辞神,彻,馂。"①祭品类型主要包含蔬果、酒、鱼肉。值得注意的是,书中规定,主人要亲割毛血一盘,内脏等为一盘。在祭器数量方面的规定,以祭初祖为例,一、二、三和六的数字都是较为常见的,并且被认为符合古时祭器数量的规定。当然,朱子认为如果条件有限,可以适当调整。祭祀的主要参与者是男主人,当然女子也参与到祭祀之中,例如洗祭器。祭祀的主要地点是家里的中堂。在田野调查之后,我们将发现,《家礼》中的诸多程序在今天依然存在,例如关门、开门、迎神、拜神、送神,都保留了下来。不过,书中有关铺席的行为已经在当下桃源村的年终祭祀中消失。书中并没有明确规定不能用牛、羊,不过李天纲教授在金泽的田野调查发现牛、羊等牺牲没有出现在民间祭祀之中,在桃源村也没有出现以牛、羊为祭品的做法。由此可见,江南地区依然部分遵守了《礼记》的祭祀规定。

儒教祭祀是请神来食的过程,而不是一个将食送到神面

---

①　朱熹:《朱子全书·家礼》(王燕均、王光照校点),上海.上海古籍出版社,2002 年版,941-942 页。

前的过程。在了解了历史上的儒家祭祀以后,我们来详细描述一下当下桃源村的年终祭祀。从中可以得知,儒教祭祀在社会变迁的过程中到底改变了多少。

3. 年终祭祀的流程

桃源村年终家庭祭祀的风俗存在良久,是一种公共行为。在年终祭祀开始以后,邻里之间会相互注意彼此祭祀的进展。这些阶段进行的时间既涉及合不合乎公共标准的问题,也存在是不是吉利的区别。

随着经济状况的变化,这种祭祀仪式变得更加繁琐,比如,时间上的要求更加严格。繁琐的祭祀规定,往往需要举行仪式的人通宵作业,至少要到凌晨。

祭祀所需要的主要物品是:香,纸,祭品(肉、酒、糕点、茶),烟花爆竹,蜡烛,对联,灶神爷画像,红纸。年终祭祀的祭品需要提前做好准备。祭品一般选用猪头或猪肉,除此之外,还需要一只被阉割的鸡。至于选择被阉割的鸡的原因,可能是因为当地"阉割"两字的方言为"xiè",与谢年的"谢"同音。当然鸡作为祭品,也不违背《礼记》中的规定。

举行仪式的人是家中的男主人和女主人,有诸多的环节孩子也可以参与其中。有学者指出某些地区的家祭存在男尊女卑的现象,"在春节家祭活动中,女性的家族身份是男性的'陪伴者'。在中国农村汉族社会,传统上以财产的父系继承、家族血缘传承的父系谱系以及居住方式的从父居、从夫居为主要特征的父系亲属制度中,男子在亲属体系中的地位具有先赋性。他一出生就自然决定了其在家族中的位置且终身不变,直到他离世之后名字被写到祖先牌位上,从而最终确立其在血缘亲属体系中的位置"①。这个现象在桃源村并不是主流。女主人往往是祭祀的主要负责人。夫妻共同合作是比较普遍的形式。

举行祭祀仪式的地点是家,具体指的是一楼客厅的中堂、房屋前大门和房屋后小门。在年终祭祀到来之前,家里需要被彻底打扫干净。正如李天纲教授在《金泽》中所言,汉人宗教不设像,年终祭祀没有任何画像,也没有任何牌位。在年终祭祀的现场,只能看到一个祭坛。

年终祭祀一般分成三个部分,第一个部分是谢年,第二个部分是恭年,第三个部分是接年。祭祀的对象是天地和祖先。谢年是通过祭品来感谢祖先的护佑。恭年指的是和祖先一起吃团圆饭。接年祭祀通过将祭品献给祖先,以便换得祖先的护佑。

3.1 谢年的流程

谢年的时间没有严格的规定,但是,有一个大致的时间段的规定,那就是大年三十年夜饭之前。大年三十的时候,

---

① 王卫华:《论妇女春节家祭地位与子嗣的关系——以山东 YQ 村为例》,载于《中央民族大学学报(哲学社会科学版)》,2012(6):145 页。

所有不吉利的话都不能说，特别是一些带有鬼字的话。祭祀开始的时候，平时的餐桌、餐桌后面的长几变成了祭坛，放祭品的各种盆子会放在餐桌、长几上。一般的祭品是鸡和猪排骨，它们被放在一个盆中，盆里还要放上菜刀和盐。

被阉割的鸡作为祭品时，杀鸡和清理鸡的方式都与平时有所不同。先将这只鸡划破喉咙，然后抓住鸡脚，让鸡全身的血倒流进事先放好的碗中。鸡血要与鸡一同烧熟，血要单独放在鸡的背上，作为祭品的一部分。在鸡内脏的清理方面，不是将鸡的肚子彻底剖开，而是在鸡的脖子和排泄处戳两个洞，从排泄处的这个洞中将内脏掏出来。在内脏清理干净以后，又将内脏塞回鸡肚子里。这样做的目的是为了保证鸡的完整性，供奉给神灵食用的是一只完整的鸡。相比于猪肉简单的摆放方式，鸡的摆放方式也有所讲究，一般会将鸡爪掰断，使鸡呈现出一种跪着的姿势。盆里的刀子和盐是给神灵享用祭品时用的。祭品前面要放五个杯子、五双筷子。杯中酒需要敬三回。但是，这点有时会省略，缩减为只敬一回。

长几上要摆上装满米饭的锅、装满芋艿的陶钵或铁盆、烛台和香炉。香炉放在中间，然后左右两边是烛台，烛台两侧往外是锅和陶钵。

祭品摆上餐桌以后，仪式就开始了。先要将长几上的蜡烛点着，蜡烛点燃以后点香。香是人神沟通之具，只有香气才能将神灵接回家中。所以，接引的顺序非常重要。先拿着三根香在房子的前门外面拜神灵，插在门两边的门框上；接着拿着香绕到后门拜神灵，插在后门门框上；随后到厨房拜神灵，厨房的香并不是插在厨房门的门口，而是插在灶王爷的旁边（灶王爷在江南乃至全国都有一定的信众，他的职能是"上天呈好事，下界保平安"）；最后在中堂拜，并且将香插在香炉上。香一共五份，前门两份，后门、厨房和中堂各一份，每一份都是三支香。这是一个由屋外接到屋内的过程。香烧着之后香灰并不会立马掉下来，只有当它烧到一定程度的时候，燃过的那一部分才会变得弯曲、掉落。等到香灰弯曲、掉落的时候，就表明神灵吃得差不多了，需要离开。这时，开始烧纸。和香一样，纸也是一共五份，每份三张。烧纸的顺序与香刚好相反，从中堂开始烧，然后是厨房门口，接着是后门，最后是前门。因为这是一个将神从屋内送到屋外的过程。被烧掉的纸会产生纸灰，纸灰飞得越高越好。烧完纸以后在门口放鞭炮，寓意神离开了。

3.2 恭年的流程

待谢年结束以后，村民们开始准备晚上恭年的食材。谢年的祭品之一——鸡——会被切好，以一种特殊的摆盘方式将祭品摆好，比如保证鸡头和鸡爪都摆上。另外，要烧大概十五到二十个菜，总之是将餐桌放满，大有举行一场"夸富宴"的架势。当然，这里没有任何竞争与对抗，神灵参与其中,只为分享丰盛的美食。待菜烧好以后,在桌上放好十个碗和十双筷子,每一个碗中都倒上酒或者饮料。恭年的时候靠近长几的两个座位要空出来,以便于神灵们可以就座。也就是说,十对碗筷中,有两对是为神准备的,"谁也不能去碰它们"。这是一个禁忌。菜烧好以后,任何一个人都可以在门后面放甘蔗,寓意着节节高升。孩子们可以去卧室将新衣服摆出来,上衣、裤子和鞋子都要摆上,放在一个房间的床上。如果熟悉《仪礼》,会发现"士冠礼"中需要加冠的人也要将衣服一字排开,不过年终祭祀摆的是全家人的衣服,而不仅仅是小孩子的。根据《汤溪县志》的记载:"前明士大夫颇重冠礼,一遵紫阳所定,今则襁褓之中已冠其首,间有师其意者,则以十六岁为成人,亲族馈遗称庆,为父兄者则倩人字之,亦古祝醮之遗也。"①可见,桃源村的村民也较为注重冠礼,表达了对孩子的殷切希望。

待到一切准备得当,需要将大门关上,恭年的时间开始了。严格来说,大门关上以后,就不能再出去了。除夕夜不是一个走街串巷的时候,其实大年三十一整天都不鼓励去别人家。不过,现在恭年以后会有很多人出来散步,或进行一些休闲娱乐的活动。吃完饭以后,要将餐桌收拾好。因为餐

① 丁燮等修,戴鸿熙等纂:《汤溪县志》,台北.成文出版社有限公司,1975年版,275页。

桌要作为祭坛,以便于举行当天凌晨左右的接年仪式。但是这天晚上不扫任何地,不丢任何垃圾,绝不能倒水。恭年时,水是金银财宝。类似的风俗早就存在,《汤溪县志》也有记载:"元旦设香烛斋筵,拜天地神祇祖先,卑幼为尊长贺岁,谒祖先墓。是日不借火,不汲井,不扫地,不杀生……"①

3.3 接年的流程

等到大年三十凌晨的时候,接年仪式就开始了。接年仪式本来要求接年的人通宵等候,不得睡觉,被称为守"长寿夜"。等到接年活动结束以后,村民们才能睡下。尽管对于当下年轻人来说,守长寿夜已经不是那么重要,但是,对于老年人来说,它非常重要。有的长辈临死前还念叨着:"今年长寿夜没有守夜,被老伴守了去。所以,我要先走了。"和谢年一样,接年主要也是给神灵提供祭品,餐桌上要摆上四份糕点、十个杯子、十双筷子、两碟豆腐干、两碟油豆腐、一锅米饭、一锅芋艿。四份糕点分别是鸡蛋糕、双喜膏、莲花膏、黑芝麻糕。每个杯子里都要倒满茶水。米饭一定要堆得特别高,芋艿则是谐音"余",寓意年年有余。长几上点一对蜡烛,或者摆一对电蜡烛。接年开始以后,点香也有规定的顺序。先到门正对的街道边放上两个萝卜,每个萝卜上都插上蜡

---

① 丁燮等修,戴鸿熙等纂:《汤溪县志》,台北.成文出版社有限公司,1975年版,279页。

烛。人拿着两对香在马路上拜天地,拜完天地以后将香插在萝卜上,随后烧掉两份纸。接着到家门口点香,家门口点的香,请的是祖宗,颇有天地共享、祖先自有的意味。然后,和谢年一样,接年者拿着香按照前门—后门—厨房—中堂的顺序鞠躬、礼拜,插在谢年时插的那些位置。点香的同时要说:"请各位神仙喝茶,祈求各位神仙在新的一年里庇佑我家。"等到香有灰落下的时候,按照中堂—厨房—后门—前门的顺序烧纸。原先烧纸时要放鞭炮,鞭炮很长,可以从二楼挂到一楼,而且声音很响,靠近鞭炮的人会被震得耳鸣。近年来,放鞭炮被禁止了,所以很多人开始使用电子鞭炮。

大概在正月初二,还要继续接祖先回家喝茶,等到初四或者初五的时候,要办一个修真仪式,将祖宗们送走。这个仪式的祭品由留下来的鸡头、鸡爪构成。接年与谢年时候杯中酒茶的转换,有着深刻的寓意。喝茶意味着新的一年需要头脑清醒、踏实工作,喝酒意味着旧的一年国泰民安、一切顺遂。所以,桃源村村民的年终祭祀处在一个不断请神送神的忙碌状态之中,一会要备茶,一会要备酒。尽管祖先仍然是当下的年终祭祀的对象之一,但是,该祭祀并不像《家礼》那样对祭拜对象作出明确的区分。

4. 年终祭祀中的礼物交换与礼物的产生

在儒教祭祀中,我们看到这么一个循环:供给天地祖先物品，以求获得天地祖先的庇佑—天地祖先赐予庇佑—感谢天地祖先的庇佑—次年再次供给天地祖先物品，以求获得天地祖先的庇佑。从这个循环中可以发现，在这个村子中的人看来，这一年的食物都是神灵送给人民的礼物，这些礼物中的一部分被作为祭品送还给神。在共餐中，同样的祭品又被摆出来以便家庭成员食用。实际上，它们只是摆放出来，并不一定被吃掉。随后通过接年仪式，又祈求神灵在新的一年之中给予赐福和照顾，赐予更多的礼物。他们并不认为这一年的收获完全是自己的努力。这种仪式有点类似于莫斯在《献祭的性质与功能》中所描述的农业献祭仪式。在《献祭的性质与功能》的农业献祭仪式中，祭品的功能在于为其余的食物祛除神圣性，同时也为巩固人神关系以及人与人之间的关系奠定了基础。

供奉给祖先的各种物品都是一些日常可以食用的物品，它们并不是神圣的物品。在这个仪式中，我们没有发现像库拉中出现的手镯和项链，也没有看到莫斯笔下夸扣特人所认为的那种不可能转让的圣物。祭品是一些日常食物，如鸡、猪头、猪肋骨。之所以是祭品，是因为它们的摆放方式、宰杀方式、清理方式与平时不一样。换言之，正因为符合仪式规定，所以它们是礼物。对于祭品本身的规定并不总是被遵守，总是会出现一些新的祭品。献祭的礼物被仪式所赋予，祖先的礼物由仪式来求得。

5. 岁神崇拜的道教化与儒教化

我们看到道教的太岁仪式和儒家的年终祭祀十分相似，两者的区别只在于一个主要求的是祖先，一个求的是太岁星君。两种仪式举办的时间是一样的，都在年初和年末举行。人们祭拜的用意也是一样的，都是感谢神在过去一年的护佑，同时期待神在来年依然护佑他们。

我们知道早在道教的太岁崇拜产生以前，就存在岁神崇拜。这些神主管万物一年的运势。王充就曾写过《难岁》篇，"王充的时代，有组织的道教还没有形成，因此可以认为，对于太岁和太岁神的崇拜出现在道教形成之前，已经有两千多年的历史了"①。所以，我们认为很有可能存在一种民间的岁神崇拜，然后，道教与儒教都对此进行了回应，将这种崇拜朝各自的方向牵引。当然，也有可能是民间崇拜将自己与道教或儒教融合在了一起。道教形成以后，对这种岁神崇拜进行了道教化的改造。儒教在《三礼》中的祭祀并没有和岁神相结合，但是，在桃源村的年终祭祀中，这种岁神的崇拜很自然地和祖先祭祀结合在了一起。祖先变成了每一年需要祭祀的对象，很有可能是岁神儒教化的一种体现。因此，欧大年、李天纲提出的民间信仰是中国宗教的基础，或许是一个正确的结论。

---

① 上海城隍庙、香港蓬瀛仙馆编著：《拜太岁》，北京.宗教文化出版社，2010年版，8页。

四 结论

在本章中,我们将回答导言中提出来的问题,即:江南民间信仰活动的人神关系是一种礼物交换关系吗? 随后,我们将描述两个与莫斯礼物交换模式不同但却是江南民间信仰活动比较重要的特质。接着,我们会阐明这些不同的特质产生的原因。

(一) 江南民间信仰活动的人神关系是一种礼物交换关系吗?

在田野调查的基础之上,我们认为江南民间信仰活动的人神关系可以是一种礼物交换的关系。因为,人神交换得以达成依赖于种种普遍的实践原则。对仪式中的个人来说,这些原则是一些公共的实践原则,是高于任何私人原则的存在。换言之,即使交换者作为个人存在,也不改变个人在与神进行交换时遵循这些公共的交换原则。毫无疑问,这些长期以来流传下来的公共原则已经被公认是神认可的原则。任何一个外来者,要想和神进行交换,都必须接受这些原则。

早在上个世纪,马克斯·韦伯就曾提出中国宗教对实践原则的重视。韦伯在《印度的宗教》中提出,与西方宗教相比,东方宗教具有自己的特点。这种特点表现为两个方面。第一个方面,东方宗教具有一种二元论。这种二元论指的是实践法则与教义的分离。他认为:"像儒教一样,印度教知道'教义'和'仪式性义务'的区分。这种区分用印度的术语来表示就是律法和教义①(dharma and mata)的区分。教义(mata)指的是形而上学的理论。"②第二个方面,韦伯认为实践法则重于教义是东方宗教的普遍特质。

　　与此不同,西方宗教教义与实践之间的关系比较紧密。而且,教义占有非常重要的地位。西方宗教教义上的分歧,可能会导致教派的分立,这对于印度教来说难以想象。印度教徒在教义方面可以接受耶稣作为他们的神,因为他们的神很多,根本不在意再多这一位,但是却无法接受基督徒的"共餐(communal)""吃牛肉(eat meat, particularly beef)""喝烈酒(drink hard liquor)"等行为。在印度教徒眼中,"这些行为是不纯净的野蛮人的律法"③。尽管中国没有印度教的种姓

---

　　① mata 的语源为思想。

　　② Max Weber, *The Religion of India: The Sociology of Hinduism and Buddhism* (Glencoe: The Free Press, 1958), p. 21.

　　③ Max Weber, *The Religion of India: The Sociology of Hinduism and Buddhism* (Glencoe: The Free Press, 1958), p. 24.

制度,但是,普遍的实践原则是存在的。

　　基于上述观点,我们对长期存在的三种观点提出质疑。第一种观点认为中国民间宗教中的人神关系是一种贿赂者与被贿赂者的关系。第二种观点认为中国平信徒的宗教行为类似于市场上的买卖行为。第三种观点认为中国民间宗教活动的功利性极强。

　　诸多学者认同第一种观点,最为著名的是社会学家费孝通。他在《美国与美国人》一书中谈道:"当然我们并不是没有鬼神的信仰。我们对鬼神也很实际,供奉他们为的是风调雨顺,为的是免灾逃祸。我们的祭祀很有点像请客、疏通、贿赂。我们的祈祷是许愿、哀乞。鬼神在我们是权力,不是理想;是财源,不是公道。我们尽管每一个村角里有一个土地,每一个县城有一个城隍,我们可是没有美国人所有的那种宗教。"①出于对这种观点的认同,《中国民间信仰》一书的作者乌丙安也认为:"民间的烧香、敬酒、杀牲、摆供,与其说是敬鬼神,不如说是讨好鬼神、献媚鬼神或买通鬼神,即民间俗语说的'钱能通神''有钱能使鬼推磨'的本意。"②从费孝通和乌丙安的论述来看,他们的贿赂和我们所定义的贿赂有所不同。在他们看来,只要是乞求好处的行为就是贿赂的行为、

---

　　①　费孝通:《美国与美国人》,北京.生活·读书·新知三联书店,1985年版,110页。

　　②　乌丙安:《中国民间信仰》,上海.上海人民出版社,1995年版,9页。

买卖的行为,但是,只要你一开始阅读《圣经》,你就会在里面发现许许多多向神乞求好处的行为。向神祈求好处,不是中国民间宗教特有的属性。既然基督教也有此类行为,那么,他们怎能将一种宗教中的仪式视为贿赂行为,而不将另一种宗教中的仪式视为贿赂行为呢?

我们认为他们的贿赂定义出现了问题。贿赂行为不仅仅是一种求好处行为,它的本质是遵循一种与公共原则相对立的私人规则。也就是说,信徒和神之间的交换原则是私人化的。信徒总是想给神与众不同的礼物,并且认为可以从这种不同之中得到更多的好处。有学者认同我们的定义,并且认为当下中国民间宗教的现状就是每一个信徒都企图突出自己与神之间的特殊关系。他们还指出,几乎所有关于中国民间宗教的报道都验证了这一点。在这些报道中,信徒争着烧头香、撞头钟。但是,我在田野调查中并没有发现很多此种现象。在金钱方面,我们看到佛教放生活动强调的是发心第一,金额随喜。崇福道院、钦赐仰殿和城隍庙的拜太岁仪式中送给神的元宝的数量是要仔细清点的,具有一定的规定,并不是越多越好。如果信众真的认为出的钱越多,自己就得到神越多的护佑,拜太岁仪式就不会只有几个人坐在核心区。有人会认为这可能是因为他们经济上不宽裕,其实这些待遇所需要的金钱大多数人都负担得起。不这么做的真正原因在于他们觉得不必要。在经济条件允许的前提下,年终献祭应该放更多的鸡,但为什么并没有多少人这么做呢?总而言之,多数信众只是追随普遍的膜拜方式进行膜拜。我们要否认的是中国信众在与神打交道时遵循的是一种私人原则这类观点。

除此之外,我们要对费孝通的第二个观点提出质疑。他认为中国民间宗教中信徒的行为类似于市场上的买卖行为,"在这种宗教(美国的基督教)的精神里才有牺牲这个字眼。一个跪在送子观音前磕头的妇人,她的心头里绝不会有牺牲这两个字。她的行为无异于在街头上做买卖,香烛和磕头是阳冥之间的通货"①。我们不否认有人在宗教仪式中进行营利性活动,也不否认有人存有将宗教行为等同于买卖行为的观念。但是,我们还看到,在所有的仪式中,大多数参与者都十分清楚这种交换方式与商品交换之间的区别。每个寺庙都有买卖宗教物品的商店,参加仪式的人却很少去买。没人会将这些仪式中的交换行为等同于这些商店中进行的买卖行为。否则的话,他们只要去买一个太岁符就够了。此外,人神之间的交换缺乏严格的计算性,而且带有不同程度的道德属性。放生仪式的道德属性最强,信徒希望对有情众生都负起责任。太岁仪式次之,但也鼓励信众行善事。年终祭祀

---

① 费孝通:《美国与美国人》,北京.生活·读书·新知三联书店,1985年版,110-111页。

普遍地存在于桃源村,它强调的是家庭的责任,也表明村庄共同体的存在。因此,我们认为中国民间宗教的人神交换的规则并不全然遵循商业交易的原则。

　　还有学者认为中国民间宗教的一大特点就是功利性极强,"中国民间信仰的多功利性是民间信仰动机与行为目的的显著特点,也是形成民间信仰'万灵崇拜''多神崇拜'的重要原因之一"①。换言之,中国民间宗教的功利性超过了其他宗教。我们认为需要仔细分析谋求的功利是个人的功利,还是集体的功利? 如果说人们参加中国民间信仰活动都是为了自我的功利,那么,基于田野调查的结果,我们不认同这种论断。在放生仪式中,功德并不只指向信徒,还指向宇宙、国家。对于每年都参加太岁仪式和年终祭祀的人来说,过去的一年无论多么艰难困苦,仪式都必须参加。这一点对年终祭祀来说更为明显。也许太岁神不灵,有人不去参拜,但是,因为流年不利不举办年终祭祀的家庭甚少。这么多年,根本没有参与者去仔细探讨过年终祭祀中所表达的诉求有没有真的实现过。因此,我们认为江南民间信仰活动中参与者之所以参与仪式,是因为它是一种义务,而不是因为它带来了什么好处。

　　所以,江南民间信仰活动中的人神关系比商品交易关系

---

　　①　乌丙安:《中国民间信仰》,上海.上海人民出版社,1995 年版,7 页。

更具道德性,比贿赂关系更具公开性。在论证了江南民间信仰活动中的人神关系可以是一种礼物交换的关系之后,我们想要描述两个与莫斯礼物模式有所不同的特质。江南民间信仰活动的礼物交换模式有两个主要的特点:

1. "做仪式"是最重要的礼物

对中国宗教来说,"仪式"的重要性已经是老生常谈的话题。李天纲教授在《金泽》中谈道,"'三礼'——《仪礼》《礼记》和《周礼》——重视祭祀方式甚于祭祀对象。换句话说,中华宗教更加重视祭祀过程('礼乐')的合法性,而不是像亚伯拉罕宗教那样强调崇拜对象('神明')的正当性。中华宗教的系统性,在于祀典,而不在于'神明'"①。其实,不仅仅祭祀仪式,所有仪式在中国宗教中都占据举足轻重的分量。上文也谈到,魏乐博也认为,对于中国宗教来说,"做"是最要紧的。这里,我们也强调,"做仪式"本身就是最重要的礼物。第一,在上海民间佛教的放生仪式中,礼物不是一种实物,而是一类仪式性的行为(放生的行为、代忏悔和皈依的行为、送"功德"的行为)。此种现象(将行为作为礼物)在太岁仪式中也有出现。在太岁仪式中,在一些中老年人忙着数元宝的时候,有些年轻人已经列队站好,等待着集体仪式的开始。他

---

① 李天纲:《金泽——江南民间祭祀探源》,北京.生活·读书·新知三联书店,2017年版,191页。

们的礼物就是"仪式性的行为"。第二，能被赠予的神圣的礼物并不先天存在，都是在"做仪式"的基础上产生的。放生仪式中所有礼物的产生都建立在"做仪式"的基础之上。在太岁仪式中，除了主疏文以外，信众带去道观的毛巾、衣物，经过仪式以后变成了太岁星君赐予信众的礼物。元宝、锡纸等属神的物品并不能随意传送，只有在仪式中它们才是神圣的。同样的，祭祀仪式使得普通的食材变成了神圣的礼物。因此，在江南民间宗教信仰活动中，"做仪式"的行为比物理性的礼物更加重要。这一点与《礼物》一书中物本身的极端重要性有所不同。江南民间宗教信仰活动中的人神的关系既不是寄托在对神的认识上，也不是寄托在送给神的物理性礼物上，而是寄托在"做仪式"的行为之上。

2. 人这方面的多重性：个人、家庭与社会性组织

除了第一个特质以外，我们认为人神交换的人这一方存在一种多重性。首先，参加仪式的随喜名单上，有三种签名。在佛教放生仪式中，我们发现随喜的名单会出现某某人、某某人全家、众生的字样。在道教太岁仪式中，我们看到在装元宝、锡纸的红色袋子上，善信的签名处有个人，也有全家。其次，放生功德回向也分成三个部分。上文已经谈到存在两种功德回向：大回向和小回向。除了指向宏观的宇宙、国家之外，大回向还会指向在场或者不在场的群里师兄和师兄的家人。小回向要指向的对象是死去的或者病着的婴灵、祖父

母、父母或者子孙,也有人将功德回向给自身。最后,宗教活动得以展开的载体也有三个:社会组织、个人和家庭。上文已经谈到,太岁仪式中不仅存在集体拜太岁仪式,也存在个人拜太岁仪式;佛教放生组织是一个社会性组织;在宗族祭祀已经几乎消失的前提下,桃源村的年终祭祀多以家庭为单位举行。

李天纲在《金泽》中谈道,"中国人的现代宗教,仍然不是西方化的组织,不是集体式的教会、讲道、宣教,而是个人化的焚香、静修、祈祷……当代的城市宗教仍然没有按照西方宗教的方式,进一步趋于组织化,反而是在经受打击和取缔以后,更加的个人化、分散化"[①]。以上论述似乎表明李教授认为中国现代宗教是"个体宗教"的样式。但是,他又认为"这里还有着传统的'宗教社群',各种各样的人群……"[②],"与其说是个人的宗教,不如说是群体的宗教"[③]。我们上文已经作出分析,上海佛教放生团体不是传统的民间佛教组织,而是现代化进程中的产物。因此,我们认为当下的江南民间宗教信仰活动并不是更加个人化、分散化,而是三种主体并存:

① 李天纲:《金泽——江南民间祭祀探源》,北京.生活·读书·新知三联书店,2017年版,478页。

② 李天纲:《金泽——江南民间祭祀探源》,北京.生活·读书·新知三联书店,2017年版,535页。

③ 李天纲:《金泽——江南民间祭祀探源》,北京.生活·读书·新知三联书店,2017年版,540页。

个人化、家庭化和组织化。三种主体都可以与神产生礼物关系。

上文已经谈到，在莫斯的礼物模式中，礼物交换的人这一方，大多以共同体的面目出现。但是，江南民间信仰活动却是以三种主体并存的形式存在。下面，我们将对这些特质产生的原因进行分析。

（二）江南民间信仰活动礼物交换特质的形成原因

我们需要对三种主体进行确切的定位。首先，个人有时是家庭的代表，他们不是"经济理性人"那般的个体。第二，社会组织是自愿结合而形成的组织。但是在这个组织之中，组织本身有可能不是唯一的共同体，家庭是与其并存的共同体。而且，到目前为止，三种主体在各自的信仰活动中都遵循同一种交换原则。我们认为之所以出现这种情况，是因为中国原先的社会是一个乡土社会。乡土社会也被费孝通称之为"熟人"社会。我们认为在"熟人"社会中成长出来的人不仅对于如何和别人相处非常熟悉，而且对于如何与神相处也非常熟悉。熟悉到什么程度呢？我们先引用两位学者对于中国乡土社会的分析，然后给出这一问题的答案。

费孝通认为乡土社会是差序社会，"这在差序社会里可以不觉得是矛盾;因为在这种社会中,一切普遍的标准并不发生作用,一定要问清了,对象是谁,和自己是什么关系之后,才能决定拿出什么标准来"①。乡土社会遵循的道德准则是从"己"出发,再进一步往外推,"社会范围是从'己'推出去的,而推的过程里有着各种路线,最基本的是亲属:亲子和同胞,相配的道德要素是孝和悌……向另一路线推是朋友,相配的是忠信"②。因此,团体的道德准则是缺乏的:"团体格局的社会里,在同一团体的人是'兼善'的,就是'相同'的。孟子最反对的就是那一套。他说:'夫物之不齐,物之情也,子比而同之,是乱天下也。'墨家的'爱无差等',和儒家的人伦差序,恰恰相反,所以孟子要骂他无父无君了。"③这种团体道德准则的缺乏不仅使得孟子拿不出普遍化的道德准则,而且使得孔子的"仁"论也模糊不清:"孔子的困难是在'团体'组合并不坚强的中国乡土社会中并不容易具体地指出一个笼罩性的道德观念来。仁这个观念只是逻辑上的总合,一切私人关系中道德要素的共相,但是因为在社会形态中综合私人关系的'团体'的缺乏具体性,只有个广被的'天

　　① 费孝通:《乡土中国》,北京.生活·读书·新知三联书店,1985年版,34–35页。
　　② 费孝通:《乡土中国》,北京.生活·读书·新知三联书店,1985年版,32页。
　　③ 费孝通:《乡土中国》,北京.生活·读书·新知三联书店,1985年版,35页。

下归仁'的天下,这个和'天下'相配的'仁'也不能比'天下'观念更为清晰。"①

　　与费孝通不同,梁漱溟认为从"己"出发的中国乡土社会具有普遍化的行事原则。他在驳斥冯友兰的中国家庭观后得出结论:中国的家庭具有其特殊性,家庭的伦理原则的基础是情感。"吾人亲切相关之情,发乎天伦骨肉,以至于一切相与之人,随其相与之深浅久暂,而莫不自然有其情分。因情而有义。……伦理关系,即是情谊关系,亦即是其相互间的一种义务关系。"②接着,他也承认情感的差序性,依照情感的亲疏,确定不同的相处原则:"其相与为共的,视其伦理关系之亲疏厚薄为准,愈亲厚,愈要共,以次递减。"③随后,他认为,这种感情产生的是义务:"伦理因情而有义,中国法律一切基于义务观念而立,不基于权利观念,此其二。"④到此为止,我们还看不出中国家庭到底有何特殊性。梁漱溟认为如果中国家庭原则停留于此,那么,它毫无特殊性,但是,

---

　　① 费孝通:《乡土中国》,北京.生活·读书·新知三联书店,1985年版,35页。

　　② 梁漱溟:《中国文化要义》,上海.上海人民出版社,2005年版,72页。

　　③ 梁漱溟:《中国文化要义》,上海.上海人民出版社,2005年版,74页。

　　④ 梁漱溟:《中国文化要义》,上海.上海人民出版社,2005年版,74页。

它并不停留在家庭,它扩展到了整个社会。中国的道德是从家庭伦理中衍生出来的道德,家庭原则的普遍化构成中国的主要道德准则,"每一个人对于其四面八方的伦理关系,各负有其相当义务;同时,其四面八方与他有伦理关系之人,亦各对他负有义务。全社会之人,不期而辗转互相连锁起来,无形中成为一种组织"①。我们认同梁漱溟的论断。中国家庭原则不仅限于家庭,而是延伸到社会的多个领域。

所以,我们认为,在乡土社会中生活的人看来,神灵是广义上的家人,中国的各个神的名字很好地证明了这一点,例如妈祖、土地爷、观音娘娘。他们对跟神打交道的熟悉程度就像跟家人打交道一样。这种熟悉并不在于他们精通有关神的知识,而在于他们熟知如何与神交往。他们在耳濡目染中学会老一辈的做法,并且沿袭着这些实践原则。在乡土社会中的人看来,既然如此熟悉,那么,在如何与神交往方面,不需要过多的解释。结合整个中国从"乡土社会"到"陌生人社会"这一点,我们可以理解为何普遍化的实践原则仍然发挥着作用。哪怕是新加入仪式的大多数人也是跟着"做仪式",而不是要去寻根究底地探讨与"仪式"有关的各种理论问题。从目前来看,他们都还是乡土社会中的人,带着那个

---

① 梁漱溟:《中国文化要义》,上海.上海人民出版社,2005年版,73页。

社会的思维方式。

但是，上海毕竟早已开始现代化的历程，上海的城市化十分迅猛。短短三十年左右，上海里里外外已经完全变了个样。和其他社会的现代化过程一样，个人开始突出，社会化组织开始涌现，虽然，家庭这个共同体仍然是宗教组织成员想要去维持住的对象之一。哪怕在21世纪，在香港这样的现代化金融中心，中国人仍然将自己视为家庭成员，而不是个体，"我认为中国的义化促使家庭高于自我，自我实现和自我满足以家庭目标的实现为重要衡量尺度"①。但是，与杨庆堃在《中国社会中的宗教》一书中所描述的不同，社会组织已经不再采用家庭的相处原则，比如以师兄的称呼代替家人的称呼，以明确的活动纪律代替家庭模糊的行动原则。这些组织很难再称之为家庭这一社会组织的延伸，而是展现出与家庭组织有所不同的特质。

我们不知道普遍的实践原则还能维持多久，可以看到的是乡土社会中最重要的家庭观念已经逐渐受到了挑战。例如一个桃源村村民的女儿最近生了孩子，但是孩子的奶奶却不愿意带孙女，理由是她要去教堂。她是一名基督徒，她认为孩子可以不带，但是教堂不能不去。不过，最后她还是带

① Annamma Joy, "Gift Giving in Hong Kong and the Continuum of Social Ties," *Journal of Consumer Research*, Vol. 28, No. 2 (September 2001), p. 239.

了孩子。还有两个年轻的放生者都希望出家为僧，但是家中父母极力反对，他们都选择了暂时先皈依，等到父母百年以后再出家。家庭仍然是最需要守护的共同体，但已经不像先前那般值得留恋。更不用说，不少现代观念与原先的家庭相处原则统摄社会大多数领域的情况已经相去甚远。熟人社会将被陌生人社会所替代，神人交换还能依赖于原先熟人社会中遗留下来的那些原则吗？或许再过一些岁月就能得到答案。

（三）中国式宗教活动解释范式的展望

对学术界现有宗教活动解释范式的阐释，是构建中国式宗教活动解释范式的第一步。通过研究可以发现，礼物关系的实质是一种义务结构，但是不同的地区有着不同的义务结构，仅仅表明存在礼物关系仍无法确定中国现实中运行的是何种义务结构。换言之，这第一步的工作实际上并没有完全给出符合中国现实的解释范式。基于上述分析，我们发现一方面礼物关系可以解释部分民俗活动，另一方面又显示出是中国民俗文化中家庭主体的极端重要性。诸多学者指出，中华文化的核心是儒家文化（张志刚，2022；张践，2016），而对各个宗教产生深刻影响的是"孝道"思想（谭德贵，2019）。这一点与江南民俗文化的特质相吻合，因此儒家文化实际上构成了中国民间宗教活动的思想基础。那么，在儒家文化的基础上有望给出更加符合中国民间宗教现实的解释范式。接下来需要做的是总结分析现有的解释范式，以便于给出完全符合中国式宗教活动的解释范式。

主要参考文献

中文著作与论文

1. 马塞尔·莫斯,汲喆译,陈瑞桦校.礼物——古式社会中交换的形式与理由[M].北京:商务印书馆,2016.

2. 马塞尔·莫斯,卢汇译.论馈赠——传统社会的交换形式及其功能[M].北京:中央民族大学出版社,2002.

3. 马塞尔·莫斯,佘碧平译.社会学与人类学[M].上海:上海译文出版社,2014.

4. 马塞尔·莫斯,昂利·于贝尔,杨渝东、梁永佳、赵丙祥译.巫术的一般理论,献祭的性质与功能[M].桂林:广西师范大学出版社,2007.

5. 马塞尔·莫斯,蒙养山人译,夏希原校.论祈祷[M].北京:北京大学出版社,2013.

6. 爱弥尔·涂尔干,马塞尔·莫斯,汲喆译.原始分类[M].北京:商务印书馆,2012.

7. 马塞尔·莫斯、爱弥尔·涂尔干、亨利·于贝尔原著,纳丹·施郎格编选,蒙养山人译,罗杨审校.论技术、技艺与

171

文明[M].北京：世界图书出版公司,2010.

8. 爱弥尔·涂尔干,渠敬东译.宗教生活的基本形式[M].
北京：商务印书馆,2015.

9. 爱弥尔·涂尔干,冯韵文译.自杀论[M].北京：商务印书
馆,2001.

10. 马塞尔·福尼耶,赵玉燕译.莫斯传[M].北京：北京大学
出版社,2013.

11. 莫利斯·古德利尔,王毅译.礼物之谜[M].上海：上海人
民出版社,2013.

12. 李天纲.金泽——江南民间祭祀探源[M].北京：生活·
读书·新知三联书店,2017.

13. 阎云翔,李放春、刘瑜译.礼物的流动：一个中国村庄中
的互惠原则与社会网络[M].上海：上海人民出版社,
1999.

14. 杨美惠,赵旭东、孙珉译,张跃宏译校.礼物、关系学与国
家：中国人际关系与主体性建构[M].南京：江苏人民出
版社,2009.

15. 杜继文主编.佛教史[M].南京：江苏人民出版社,2006.

16. 郁喆隽.神明与市民——民国时期上海地区迎神赛会研
究[M].上海：上海三联书店,2014.

17. 欧大年.中国民间宗教教派研究[M].上海：上海古籍出
版社,1993.

18. 费孝通.美国与美国人[M].北京：生活·读书·新知三联书店,1985.

19. 费孝通.乡土中国[M].北京：生活·读书·新知三联书店,1985.

20. 梁漱溟.中国文化要义[M].上海：上海人民出版社,2005.

21. 乌丙安.中国民间信仰[M].上海：上海人民出版社,1995.

22. 阿尔弗雷德·索恩-雷特尔,谢永康、侯振武译.脑力劳动与体力劳动：西方历史的认识论[M].南京：南京大学出版社,2015.

23. 滨岛敦俊,朱海滨译.明清江南农村社会与民间信仰[M].厦门：厦门大学出版社,2008.

24. 周富长等.上海宗教之旅[M].上海：上海辞书出版社,2004.

25. 丁燮等修,戴鸿熙等纂.汤溪县志[M].台北：成文出版社有限公司,1975.

26. 朱熹,王燕均、王光照校点.朱子全书·家礼[M].上海：上海古籍出版社,2002.

27. 陈耀庭语译,陈莲笙、黎显华、张继禹领授.太岁神传略[M].北京：宗教文化出版社,2005.

28. 上海城隍庙、香港蓬瀛仙馆编著.拜太岁[M].北京：宗教文化出版社,2010.

29. 胡平生、张萌注.礼记[M].北京:中华书局,2017.

30. 刘易斯·海德,孙天译.礼物:创新精神如何改变世界[M].北京:电子工业出版社,2015.

31. 杜继文主编.佛教史[M].南京:江苏人民出版社,2008.

32. 范荧.上海民间信仰研究[M].上海:上海人民出版社,2006.

33. 阮仁泽、高振农主编.上海宗教史[M].上海:上海人民出版社,1992.

34. 张旭.礼物——当代法国思想史的一段谱系[M].北京:北京大学出版社,2013.

35. 魏乐博,龙飞俊.在仪式中分享社会生活——专访美国波士顿大学人类学系主任魏乐博教授[N].社会科学报,2014-02-27(5).

36. 李炜.当前都市中的佛教放生现象研究——以"上海菩提学会"放生活动为中心的考察[D].上海:华东师范大学,2017.

37. 荀丽丽."礼物"作为"总体性社会事实"[J].社会学研究,2005(6):227-236.

38. 范丽珠.现代宗教是理性选择的吗? 质疑宗教的理性选择研究范式[J].社会,2008(6):90-109.

39. 魏德东.宗教社会学的范式转换及其影响[J].中国人民

大学学报,2010(3):61-69.

40. 卢云峰,和园.善巧方便:当代佛教团体在中国城市的发展[J].学海,2014(2):26-34.

41. 梁永佳.中国农村宗教复兴与"宗教"的中国命运[J].社会,2015(1):161-183.

42. 汲喆.礼物交换作为宗教生活的基本形式[J].社会学研究,2009(3):1-25.

43. 罗荪.走向文学之路[G]//中华文史资料文库第15卷"文化教育编",北京:中国文史出版社,1996.

44. 熊月之.20世纪上海史研究[J].上海行政学院学报,2000(1):192-105.

45. 刘平,江林泽.叛乱和现代性——上海小刀会起义与上海现代化的关系[J].安徽史学,2014(4):12-21、52.

46. 王铭铭.物的社会生命——莫斯《论礼物》的解释性与局限性[J].社会学研究,2006(4):225-238.

47. 张一兵.青年鲍德里亚与莫斯——巴塔耶的草根浪漫主义[J].东南学术,2007(1):80-90.

48. 王卫华.论妇女春节家祭地位与子嗣的关系——以山东YQ村为例[J].中央民族大学学报(哲学社会科学版),2012(6):144-149.

49. 徐天基.迷途还是正路?反思经济主义走向宗教学研究[J].世界宗教研究,2017(6):9-24.

50. 张亚辉.馈赠与联盟：莫斯的政治发生学研究[J].学术月刊,2017(8)：170－184.

51. 卢成仁.社会主义思潮、政治哲学与人类学研究的方法论——重读莫斯的《礼物》[J].世界民族,2017（3）：53－64.

52. 顾伟列.村民交际中的人情伦理与互惠原则——上海松江张泽镇村民视野中的礼物馈赠[J].华东师范大学学报（哲学社会科学版）,2001(6)：79－83、123.

53. 钟福民.礼物交换与人际互动——广西龙脊壮族的馈赠礼俗考察[J].广西社会科学,2006(1)：95－98.

54. 王丹.礼物流动中的身份与秩序——以清江流域土家族"打喜"仪式为例[J].中央民族大学学报（哲学社会科学版）,2014(1)：53－58.

55. 蔡文慧.单位社会下的礼物流动——以一次请客事件为例[J].青年研究,2009(2)：75－83,96.

56. 白凯,黄琦珂.工作圈的旅游礼物馈赠：社会交换理论的视角[J].思想战线,2017(6)：43－50.

57. 张志刚.儒家文化与宗教中国化的义理探求[J].世界宗教文化,2022(2)：1－8.

58. 张践.弘扬优秀传统文化,坚持宗教中国化方向[J].中国宗教,2016(11)：30－31.

59. 谭德贵.孝道思想：宗教中国化的切入点[J].中国宗教,

2019(9): 48-49.

英文著作与论文

1. Henri Hubert and Marcel Mauss. *The General Theory of Magic* [M]. English Translation by Robert Brain. London: Routledge, 2001 (1902).

2. Henri Hubert and Marcel Mauss. *Sacrifice: Its Nature and Function*[M]. English Translation by W. D. Halls. Chicago: The University of Chicago Press, 1964 (1898).

3. Rodney Stark and Roger Finke. *Acts of Faith: Explaining the Human Side of Religion*[M]. Berkeley, Los Angeles and London: University of California Press, 2000.

4. Claude Lévi-Strauss. *Introduction to the Work of Marcel Mauss* [M]. Translated by Felicity Baker. London: Routledge & Kegan Paul, 1987 (1950).

5. Emile Durkheim. *Montesquieu and Rousseau: Forerunners of Sociology* [M]. Translated by Ralph Manheim. Ann Arbor: University of Michigan Press, 1965.

6. Emile Durkheim. *Sociology and Philosophy* [M]. Translated by D. F. Pocock. London: Cohen & Westlted Publishers, 1953.

7. Marshall Sahlins. *Stone Age Economics* [M]. Chicago:

Aldine-Atherton, Inc., 1972.

8. Bronislaw Malinowski. *Crime and Custom in Savage Society*[M]. New York: Harcourt, Brace & Company, Inc. London: Kegan Paul, Trench, Trubner & Co., Ltd, 1926.

9. Maurice Godelier. *The Enigma of the Gift*[M]. Translated by Nora Scott. Cambridge: Polity Press, 1999.

10. Annette B. Weiner. *The Trobrianders of Papua New Guinea* [M]. San Diego: Harcourt Brace Jovanovich College Publishers, 1988.

11. Annette B. Weiner. *Inalienable Possessions: The Paradox of Keeping-While-Giving* [M]. San Diego: Harcourt Brace Jovanovich College Publishers, 1988.

12. Max Weber. *The Religion of India: The Sociology of Hinduism and Buddhism*[M]. Translated and Edited by Hans H. Gerth and Don Martindale. Glencoe: The Free Press, 1958 (1916).

13. Adam Smith. *An Inquiry into the Nature and Causes of the Wealth of Nations*[M]. Indianapolis: Liberty Classics, 1981.

14. Adam Smith. *The Theory of Moral Sentiments* [M]. Indianapolis: Liberty Fund, 1984.

15. Mary Douglas. Foreward: No Free Gifts[C] //Marcel Mauss, *The Gift: The Form and Reason for Exchange in Archaic Societies*. London: Routledge, 1990.

16. David A. Palmer. Gift and Market in the Chinese Religious Economy[J]. *Religion*, 2011, 41(4): 569 – 594.

17. Henry Shiu, Leah Stokes. Buddhist Animal Release Practices: Historic, Environmental, Public Health and Economic Concerns[J]. *Contemporary Buddhism*, 2008, 9(2): 181 – 196.

18. Der-Ruey Yang. Animal Release: The Dharma Being Staged Between Marketplace and Park Cultural [J]. *Diversity in China*, 2015, 1(2): 141 – 163.

19. Yongjia Liang. Morality, Gift and Market: Communal Temple Restoration in Southwest China[J]. *The Asia Pacific Journal of Anthropology*, 2014, 15 (5): 414 – 432.

20. Ji Zhe. Buddhism in the Reform Era—A Secularized Revival? [C] //Edited by Adam Yuet Chau. *Religion in Contemporary China—Revitalization and Innovation*. London: Routledge, 2011: 32 – 52.

21. Ji Zhe. Chinese Buddhism as a Social Force Reality and

Potential of Thirty Years of Revival [J]. *Chinese Sociological Review*, 2012, 45(2): 8 - 26.

22. James M. Hagen. The Good Behind the Gift: Morality and Exchange among the Maneo of Eastern Indonesia[J]. *The Journal of the Royal Anthropological Institute*, 1999, 5(3): 361 - 376.

23. James Carrier. Gifts, Commodities, and Social Relations: A Maussian View of Exchange[J]. *Sociological Forum*, 1991, 6(1): 119 - 136.

24. James Carrier. Gifts in a World of Commodities: The Ideology of the Perfect Gift in American Society [J]. *Social Analysis: The International Journal of Social and Cultural Practice*, 1990, 29: 19 - 37.

25. Liz Hingley, Benoît Vermander, and Liang Zhang. (Re)locating Sacredness in Shanghai[J]. *Social Compass*, 2015: 1 - 19.

26. Thomas Maschio. The Narrative and Counter-narrative of the Gift: Emotional Dimensions of Ceremonial Exchange in Southwestern New Britain[J]. *The Journal of the Royal Anthropological Institute*, 1998, 4(1): 83 - 100.

27. Jonathan Parry. The Gift, the Indian Gift and the 'Indian Gift'[J]. *Man*, *New Series*, 1986, 21(3): 453 - 473.

28. James Laidlaw. A Free Gift Makes no Friends[J]. *The Journal of the Royal Anthropological Institute*, 2000, 6(4): 617 – 634.

29. Aafke Komter and Wilma Vollebergh. Gift Giving and the Emotional Significance of Family and Friends [J]. *Journal of Marriage and Family*, 1997, 59(3): 747 – 757.

30. Nathan Miczo. Hobbes, Rousseau, and the "Gift" in Interpersonal Relationships[J]. *Human Studies*, 2002, 25(2): 207 – 231.

31. Amanda J. Lucia. "Give Me *Sevā* Overtime": Selfless Service and Humanitarianism in Mata Amritanandamayi's Transnational Guru Movement[J]. *History of Religions*, 2014, 54(2): 188 – 207.

32. C. A. Gregory. Gifts to Men and Gifts to God: Gift Exchange and Capital Accumulation in Contemporary Papua[J]. *Man*, *New Series*, 1980, 15(4): 626 – 652.

33. Peter C. Phan. Global Healing and Reconciliation: The Gift and Task of Religion, a Buddhist-Christian Perspective[J]. *Buddhist-Christian Studies*, 2006, 26: 89 – 108.

34. Douglas Smith. Between the Devil and the Good Lord: Sartre and the Gift [J]. *Sartre Studies International*, 2002, 8(1): 1 – 17.

35. John F. Sherry, Jr.. Gift Giving in Anthropological Perspective[J]. *Journal of Consumer Research*, 1983, 10(2): 157 - 168.

36. Annamma Joy. Gift Giving in Hong Kong and the Continuum of Social Ties [J]. *Journal of Consumer Research*, 2001, 28(2): 239 - 256.

37. Susan J. Rasmussen. Alms, Elders, and Ancestors: The Spirit of the Gift among the Tuareg [J]. *Ethnology*, 2000, 39(1): 15 - 38.

38. Adalaide Morris. A Relay of Power and of Peace: H. D. and the Spirit of the Gift[J]. *Contemporary Literature*, 1986, 27(4): 493 - 524.

39. R. Lynn Hannan, John H. Kagel and Donald V. Moser. Partial Gift Exchange in an Experimental Labor Market: Impact of Subject Population Differences, Productivity Differences, and Effort Requests on Behavior [J]. *Journal of Labor Economics*, 2002, 20(4): 923 - 951.

后　记

本书脱胎自我的博士论文，博士论文的完成，不仅基于我个人的努力，更要感谢写作过程中给予帮助的老师、家人和田野调查过程中所有交流过的人。本人希望本书能起到描述现代中国人生活中的一个侧面的作用。在来自所有人的帮助中，博士论文指导老师的帮助无疑是举足轻重的。这种帮助是一种礼物。通过多方面的比较，这种礼物很好地展现了自身。

第一，当下确定博士论文选题两种方式的比较：分享式的引导或明确的指定。确定博士论文选题是博士研究期间最为重要的事情。如何确定一个有研究意义的主题？如何发掘一个有研究价值的问题？指导老师是可以发挥作用的。这种作用的发挥可以指定研究问题的方式展开，也可以分享式引导的方式进行。我的博导魏明德老师采用了后者。在本人博士学习阶段开始之前，魏明德老师就分享了几篇文章。从这些文章中，我选择了自己最感兴趣的一些方向进行研究。最终，这些研究也与我的博士论文选题产生了联系。

在博士就读期间，魏明德老师仍然不断地和我分享一些他认为有意义的论文、现象和观点。此外，他还鼓励我与他分享有意义的论文、现象和观点（当然，我在这方面做得显然还不够）。

在博士学习的起始阶段，魏明德老师每两周都会与我进行交谈。这种交谈不同于说与听的灌输，而是平等的交流。我将其视为第二种分享。通过这种交流，彼此可以对对方的思想状态有一定的了解。换言之，导师通过你谈的内容了解你的思考现状。当你的知识积累到一定程度时，导师与你在思想上进行一种较量。正如古德利尔所言，分享与较量并存，这是礼物交换的一种形式。这种状态其实是学术工作者应该具有的状态。分享式的引导会让希望做好学术的人同时锻炼好接受和创造的能力。

第二，研究方法的比较：纯思辨的学术研究或思辨与经验相结合的学术研究。我硕士的专业是伦理学，是一个同时具备理论性与实践性的学科。但是，我偏爱研究道德理论。思辨能力是我最为看重的一种能力。魏明德老师是一个特别注重实践的人。在他看来，田野调查是一种有效的调查方法。这对我来说是陌生的。实现从纯粹思辨到思辨与实践相结合的转变对我来说是困难的。我阅读过一些哲学著作。这些哲学著作中充斥了大量对于实证主义的批评。因此，我已经带有一些偏见。这些偏见腐蚀了从田野角度研究宗教的根基。实际上,这些偏见本身没有根基。它建立在割裂生活和割裂人的基础之上,仿佛经验现象不是生活的一部分,感觉也不是人的一部分。对我的博士论文来说,田野调查是非常重要的一部分,也是我开始时最不喜欢的一部分。在论文写作方面,我也遇到了不少困难。我总是在考虑如何将这些现象整合起来。对它们飘散在我的脑海里、互不相干的状态,我很不满意。我构造了各种各样的逻辑,希望将它们串在一起。但是,这种努力没有结果。后来,我明白,这是因为我用力过猛了。于是,我选择了先描述再分析的路径。我把我看到的、听到的、想到的都写下来,慢慢地,在这个基础之上长出了花朵和果实。我认为在田野调查的整合工作中,理论的积累固然必不可少,但是不要满足于已经收集到的事实。我在田野调查中就犯过这样的错误。有一段时间,我认为田野应该做够了,我就停了一段时间。后来,魏明德老师告诉我,你的田野调查远远不够,田野调查中积累的事实越多,你就能把事实看得越清楚。于是,我又继续进行我的田野调查。

魏明德老师的指导带我走进哲学人类学,让我对这个研究方向产生了一种喜爱之情。结合原先对哲学书籍的阅读和思考,在我眼中,人类学是一门普遍与特殊完美结合在一起的学科。这门学科生命力如此强盛,就在于它是两者的结合。康德说,经验是新知识不断涌现的基础。但是,人类学绝不限于描述现象，它还有助于探讨社会的本质和人的本质。

借这个后记，我希望感谢一下复旦大学哲学学院的老师们。他们奉献了精彩纷呈的课堂。在一次课堂上，李天纲老师大致有这样一种表述："宗教学到底要怎么做？它是经验科学，还是纯思辨的？"他觉得可以将宗教学作为一种经验科学来做。这番论述对我产生了一定的冲击，结合我对涂尔干、韦伯的文本阅读，让我对宗教学有了新的认识。对于韦伯的关注，也来自复旦的课堂。刚进复旦校园，在学西方马克思主义的同学的极力推荐之下，我去旁听了张双利老师关于马克思与韦伯的课程。我为张老师对经典文本的熟识程度和清晰的逻辑表述所折服，并且希望自己也能在阅读经典和表达上达到那般程度。讲授基督教课程的刘平老师也展现了同样深厚的学术功底。在复旦的课堂中，谢晶老师的课是独特的。她说，翻开柏拉图的书，你可以看到哲学就是对话。她坚持认为哲学的课堂也应该充满对话，她的课堂充满了提问、阅读、回答、反驳。它是自由的，也是充满冲击性的。谢老师对于卢梭的解读，让我对卢梭产生了兴趣，利用暑假的时间，写了一篇关于卢梭宗教思想的论文。那是我第一次有逻辑地梳理一个哲学家的思想。从那以后，我就立下一个标准：理清文本的内在逻辑是写作的最低要求。理不出连贯的逻辑线索，说明我对这个文本还不够了解。在我以后的研究中，从卢梭到康德，再从康德到韦伯和涂尔干/莫斯的思想史仍然是最为重要的一部分。在博士论文的预答辩时，郁喆隽老师认为我的博士论文缺乏对礼物的定义。这一提醒使我不能再回避礼物与商品、表达性礼物与工具性礼物的关系。在这个定义完整表达出来以前，我对礼物的理解，对礼物交换的理解其实是模糊的。我无法向其他专业的同学清晰地阐述这种交换形式的本质。

最后，我要特别感谢我的父母。虽然出生在一个并不富裕的农村家庭，但是，我父母从来没有给过我任何经济上的压力，甚至连家务活都不让我做。每每想做家务的时候，我母亲总是说去看书吧。从他们的身上，我看到了中国人的勤劳、坚韧、勇敢、知足以及对教育的尊重。在此，我还要感谢曾经陪伴我做田野调查的李晨、崔宇飞，以及经常进行学术讨论的杨小峰。理论研究和田野调查都不是娱乐活动，在进行的过程中，总是有感到枯燥、失落的时候，但是，你们的陪伴让我一次又一次燃起对调查和研究的兴趣。没有你们的帮助，我不可能写出博士论文。本书的所有成果都应与为它作出过贡献的人共享，而其中的不足和错误则应该由我来负责。